Expedition in die
Heimat»

Norbert Bareis

Expedition in die Heimat»

Erlebnistouren in Baden-Württemberg

belser

SWR» Fernsehen

Umschlagabbildungen
Vorderseite oben: Belchen im Schwarzwald © TMBW/Achim Mende; unten: Friedrichshafen am Bodensee © Tourist-Information Friedrichshafen; *Rückseite* (v.l.n.r.): Schwäbisch Hall Kocherpartie © Norbert Bareis; Wanderer im Südschwarzwald © Bergwelt Südschwarzwald; Ballonfahrt vor Insel Reichenau © TMBW/Achim Mende; Schloss Lichtenstein © SWR

Abbildungen Innen
S. 2 (Frontispiz): Hohenlohe Landschaft
S. 6–7 (Inhaltsverzeichnis): Oberschwaben Landschaft
S. 10–11: Ballonfahrt vor Insel Reichenau, Luftaufnahme
S. 22–23: Ballonfahrt über dem Bodensee, Luftaufnahme
S. 24–25: Sonnenbank mit Hegaublick
S. 34–35: Oberschwaben Landschaft
S. 46–47: Steg am Federsee
S. 48–49: Donautal im Nebel mit Schloss Werenwag
S. 58–59: Ansicht des Albtrauf bei Neuffen
S. 70–71: Schwäbische Alb Landschaft
S. 72–73: Rottweil Stadtansicht
S. 82–83: Esslingen, Blick vom Turm der Stadtkirche auf Marktplatz
S. 92–93: Kloster Lorch, Luftaufnahme
S. 104–105: Schwäbisch Hall Marktplatz nachts
S. 116–117: Rothenburg Stadtansicht
S. 126–127: Heidelberg Stadtansicht
S. 136–137: Kraichgau Landschaft
S. 146–147: Freudenstadt Marktplatz mit Stadtkirche
S. 156–157: Ortenau, Rebenlandschaft am Ortenberger Schloss
S. 166–167: Wanderer im Südschwarzwald
S. 176–177: Zauberhafter Feldbergwinter im Naturschutzzentrum Südschwarzwald
S. 178–179: Freiburger Münster mit Markt

Bibliografische Information der Deutschen Nationalbibliothek
Die Deutsche Nationalbibliothek verzeichnet diese Publikation in der Deutschen Nationalbibliografie; detaillierte bibliografische Daten sind im Internet über http://www.dnb.d-nb.de abrufbar.

Projektmanagement: Dirk Zimmermann
Redaktion: Dirk Zimmermann
Bildrecherche: Linda Weidenbach
Gestaltung und Produktion: Verlagsbüro Wais & Partner, Stuttgart, Rainer Maucher
Druck und Binden: Print Consult, München

www.belser.de

MIX
Papier aus verantwortungsvollen Quellen
FSC® C084279

ISBN 978-3-7630-2666-1

Main
Wertheim (S. 118)
Tauber
MANNHEIM
Kurpfalz
Bad Mergentheim (S. 121)
Hohenlohe
Rothenburg ob der Tauber (S. 124)
Heidelberg (S. 129)
Jagst
Sinsheim (S. 144)
Kocher
Kirchberg/Jagst (S. 115)
Kraichgau
Schwäbisch Hall (S. 107)
Bruchsal (S. 138)
KARLSRUHE
Murr
Enz
Pforzheim (S. 155)
Baden-Baden (S. 163)
Rems
STUTTGART
Schwäbisch Gmünd (S. 97)
Esslingen (S. 84)
Lorch (S. 94)
Ortenau
Bartholomä (S. 102)
Fils
Geislingen (S. 89)
Freudenstadt (S. 148)
Tübingen (S. 80)
Offenburg (S. 158)
Münsingen (S. 67)
Neckar
Reutlingen (S. 61)
ULM
Schwäbische Alb
Schwarzwald
Rhein
Bussen (S. 36)
Rottweil (S. 74)
Biberach/Riß (S. 43)
Sigmaringen (S. 56)
Bad Buchau (S. 38)
FREIBURG IM BREISGAU (S. 180)
Bad Waldsee (S. 45)
Donau
Tuttlingen (S. 50)
Oberschwaben
Feldberg (S. 172)
Belchen (S. 174)
Überlingen (S. 18)
Singen (S. 27)
Meersburg (S. 18)
Friedrichshafen (S. 20)
KONSTANZ (S. 13)

Inhalt

Vorwort
8 *Entdeckungen vor der Haustür*

Bodensee
10 *Ein See für die Seele*
Von Konstanz nach Friedrichshafen

Hegau/Höri
24 *Perlen im Hinterland*
Von Singen bis zur Liebesinsel

Oberschwaben
34 *Gelobtes Land*
Vom Bussen nach Bad Waldsee

Donau
48 *Im Tal der Mönche*
Von Tuttlingen nach Sigmaringen

Schwäbische Alb
58 *Die blaue Wand*
Von Reutlingen ins Biosphärenzentrum

Oberer Neckar
72 *Am Fluss der Schwaben*
Von Rottweil nach Tübingen

Neckar/Fils
82 *Stolze Städter*
Von Esslingen nach Geislingen

Remstal/Ostalb
92 *Das Herz Württembergs*
Von Lorch nach Bartholomä

Hohenlohe
104 *Zwei auf einen Streich*
Von Schwäbisch Hall nach Kirchberg

Tauber
116 *Romantik total*
Von Wertheim nach Rothenburg

Kurpfalz
126 *Stadt, Land, Fluss!*
Mit Mark Twain durch Heidelberg und Umgebung

Kraichgau
136 *Toskanische Gefühle*
Von Bruchsal nach Sinsheim

Nordschwarzwald
146 *Auf Hesses Spuren*
Von Freudenstadt nach Pforzheim

Ortenau
156 *An der Grenze*
Von Offenburg nach Baden-Baden

Südschwarzwald
166 *Auf dem Gipfel*
Vom Feldberg bis zum Belchen

Breisgau
178 *Es grünt so grün*
Die Ökometropole Freiburg und ihr Umland

190 *Nützliche Adressen*
192 *Bildnachweis*

Entdeckungen vor der Haustür

Wer toskanische Städte oder südfranzösische Landschaften für das Maß aller Dinge hält, der wird Baden-Württemberg eher langweilig finden. Solche Zeitgenossen sind nur zu bedauern – ihnen entgeht ein vitales, vielfältiges Bundesland mit Schätzen, die auf der UNESCO-Liste prominent vertreten sind, mit einzigartigen Kulturlandschaften, mit großer Geschichte und perfekten kulinarischen Angeboten.

Heimat ist wieder „in". Nicht in einem nostalgisch verklärten Sinne, sondern im Blick auf heute und auf morgen. So genannte Regionalkrimis boomen, es gibt unendlich viele private Blogs, die sich mit dem Leben im Nahbereich auseinandersetzen, die Besonderheiten des Alltags kommentieren oder einen Blick in die Zukunft wagen.

Die baden-württembergischen Städte sind moderne Gemeinwesen, die sich zu ihrer reichen Geschichte bekennen und daraus ihre Lebensqualität beziehen. Die Dörfer im Südwesten sind mehr als eine Ansammlung von Bauernhöfen: Auf dem Lande wird Tradition gewahrt, das natürliche Erbe für die Zukunft bewahrt, aber auch mit neuen Lebensformen experimentiert.

Baden-Württemberg boomt als Reiseland. 2013 wurde nochmals ein neuer absoluter Rekord aufgestellt – über 48 Millionen Übernachtungen. Es ist das dritte Rekordjahr in Folge. Gäste aus Fernost haben den Südwesten inzwischen fest auf ihrem Reiseplan durch Europa, aber auch immer mehr Deutsche besuchen Bodensee, Schwarzwald und Hohenlohe.

Die *Expedition in die Heimat* zeigt die bekannten Schönheiten und Ausflugsziele in Baden-Württemberg, wagt aber auch einen anderen, ungewöhnlichen Blick auf das Vertraute. Die Menschen im Südwesten sind besonders wichtig bei einer solchen Entdeckungsreise – der urige Wirt auf dem Schwarzwaldhof im Wiesental ebenso wie der junge Erzabt im Kloster Beuron oder der rührige Naturschutz-Ranger im Neckartal. Diese besonderen Menschen machen das Land aus, geben jeder Region ihre Seele.

Den Zuschauer soll die Sendereihe im SWR Fernsehen vor allem Lust darauf machen, ein facettenreiches und spannendes Bundesland selbst und anders kennen zu lernen. Die Reiserouten sind nachvollziehbar und gut dosiert, können an einem Wochenende nachvollzogen werden. Das Internetangebot zur Reihe ist umfänglich und bietet weiterführende Hinweise, denn keine der Sendungen er-

Ungewöhnliche Perspektiven – ein Markenzeichen der Expedition in die Heimat. Hier bei Dreharbeiten im Heißluftballon im württembergischen Allgäu.

hebt den Anspruch, vollständig sein zu wollen. Das ginge auch gar nicht angesichts der Fülle an wirklich lohnenswerten Zielen. Das Redaktionsteam muss also immer auch eine passende Auswahl zusammenstellen.
Auch dieses Begleitbuch ist sozusagen ein Appetithappen für ihre ganz persönliche Entdeckungstour. Viele exklusive Insidertipps sind ein besonderer Service für alle Leser.
In diesem Sinne: Lassen Sie sich auf Baden-Württemberg ein, genießen Sie dieses Füllhorn an Kultur, einzigartiger Landschaft und großartigen Menschen. Bleiben Sie neugierig und gehen Sie bald auf ihre „Expedition in die Heimat".

SWR Fernsehen/ Redaktion Expedition in die Heimat

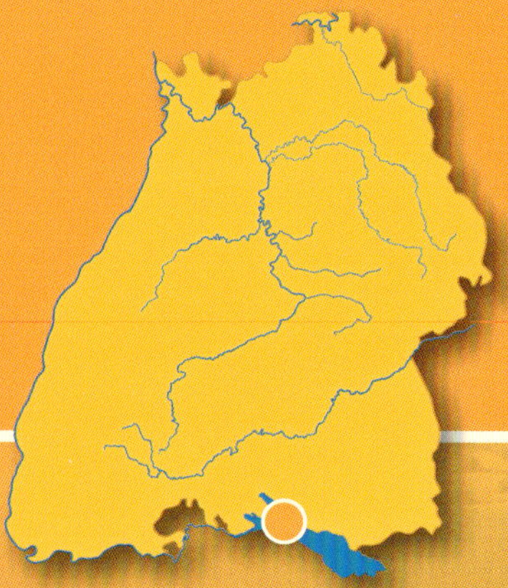

Bodensee

Ein See für die Seele

Von Konstanz nach Friedrichshafen

Auf die Frage aller Fragen gibt es am Bodensee mit Sicherheit keine zufriedenstellende Antwort. Wo soll die Reise beginnen, wo enden? Der Bodensee bietet überall passende Einstiege für eine Expedition. Am meisten Appetit macht aber sicher die Annäherung vom See her. Dabei kann man das Angenehme mit dem Nützlichen verbinden und mit der Autofähre anlanden. Das machen jedes Jahr einige Millionen Fahrgäste. Oder aber – viel, viel schöner – ein historisches Schiff benutzen. Die MS Hohentwiel, die ehemalige Staatsyacht des württembergischen Königs Wilhelm II., ist zum unbestrittenen und vielbewunderten Flaggschiff des Schwäbischen Meers geworden.

Nicht nur der württembergische Monarch war mit der Prachtyacht unterwegs – sogar James Bond konnte sich dem Reiz dieses Dampfers nicht entziehen. Freilich waren die Dreharbeiten mit Daniel Craig etwa genauso sagenumwoben und von der Öffentlichkeit abgeschirmt wie die Ausfahrten von Wilhelm II.

Fest steht aber: Die MS Hohentwiel ist ein echtes Schmuckstück, eine vollkommene Symphonie aus Stahl, Edelholz, Dampf und poliertem Messing, aus ge-

▸ Ulrich von Richentals Chronik, ein üppiges Sittengemälde aus der Zeit des Konstanzer Konzils. Die Kostbarkeit ist sicher untergebracht im Safe des Rosgartenmuseums.

▾ Auch der Bodensee hat sein Traumschiff: Die ehemalige königliche Yacht „MS Hohentwiel" ist ein nostalgisches Schmuckstück. Sogar ein Agententhriller mit James Bond wurde an Bord gedreht.

dämpfter Musik zum feinen Dinner und dem tiefen Ton des Schiffhorns. Jedes Detail stimmt, nostalgischer und edler kann es fast nicht gehen. Wer eine Fahrt mit dem Paradeboot bucht, muss schon etwas tiefer in die Tasche greifen, wird aber das Candlelight-Dinner am Tisch des Kapitäns, die literarische Lesung oder den noblen Ausflug zu den Bregenzer Festspielen nie vergessen. Wer das nötige Kleingeld hat, kann das Schiff sogar privat chartern – empfohlen wird dieses luxuriöse Abenteuer für idealerweise 135 Passagiere. Das reicht für eine Großfamilie und benötigt einen ziemlich großen Geldbeutel.

Es ist, wie so oft, einem Verein zu verdanken, dass dieses Schiff nach seiner Ausmusterung 1962 nicht abgewrackt wurde. Hauptsache, das Schiff bleibt dem See erhalten, da mögen es Lokalpatrioten verschmerzen, dass es heute unter österreichischer Flagge fährt.

Das Wasser muss man bei einer Expedition am See eigentlich immer im Blick haben, zumindest den Duft in der Nase. Und die Badesachen sollten stets im Rucksack parat liegen. Denn nach einer kulturellen Besichtigungstour in Konstanz, auf der Reichenau oder in Meersburg muss man einfach in den größten deutschen Binnensee springen.

Beginnen wir unsere Expedition in **Konstanz**, natürlich vorne am quirligen Hafen, unterhalb der Imperia. Diese satirische Figur des quirligen Bildhauers Peter Lenk ist vom umstrittenen Objekt der Gotteslästerung längst zum modernen Wahrzeichen von Konstanz geworden. Die Figuren von Lenk werden uns rund

Nachtflohmarkt

14 Kilometer handeln und feilschen

Diesen Superlativ haben sich die Konstanzer redlich verdient: der größte Flohmarkt Deutschlands! Damit hat die Bodenseestadt Wuppertal von Platz 1 verdrängt. Ein solches Unternehmen funktioniert nicht allein: Die netten Nachbarn aus Kreuzlingen mischen beim Flohmarkt mit, der 24 Stunden lang dauert und eine Standlänge von sage und schreibe 14 Kilometer hat. Über 1000 Händler bieten ihre Artikel feil. Wer mitmachen will, muss sich beeilen. Trotz der hohen Anzahl sind die Stände schnell ausgebucht.

Stadtmarketing Konstanz
Obere Laube 71
78462 Konstanz
Tel.: 07531/282480

▲ Für Familien ist das Sealife Center in Konstanz mehr als eine Schlechtwetter-Alternative. Höhepunkt der Unterwasserschau ist das Becken mit den Haifischen.

um den See begleiten. Die Imperia stellt eine Dirne dar, die sowohl Kaiser wie Papst als Zwerge auf Händen trägt, und steht damit für ein historisches Ereignis, das Konstanz 600 Jahre danach erneut prägen wird: das Konzil von 1414 bis 1418. Weil es sich um ein wirklich epochales Ereignis gehandelt hat, wird entsprechend gefeiert – vier Jahre lang, also bis 2018. Seit langem arbeitet ein Stab von Experten am Programm der Feierlichkeiten, die ganz unter einem europäischen Zeichen stehen werden. Jedes Jahr des Jubiläums wird einem anderen Schwerpunkt gewidmet, „Europa zu Gast" wird aber immer die Klammer bleiben. Und als Zugabe des Landes für das historische Großereignis gibt es in Konstanz die Große Landesausstellung. 600 Leihgaben aus den wichtigsten Museen Europas werden am See zu sehen sein, allesamt großartige Zeugnisse abendländischer Kunst.

Als ob Konstanz nicht auch ohne diese Feierlichkeiten genügend für Gäste zu bieten hätte. Konstanz streitet mit anderen Städten um den inoffiziellen Titel, die nördlichste Stadt des Mittelmeers zu sein. Das mediterrane Flair in der Hafenstadt ist tatsächlich eines der zugkräftigsten Argumente für einen Besuch in der Stadt.

Was in Konstanz auffällt, sind nicht nur die Hausnamen, sondern die häufig dazugehörigen Sgrafitti, also eine Art von Kratzputz, der in der Renaissance sehr beliebt war. Die Konstanzer Hauszeichen sind jüngeren Datums und stammen von Hans Sauerbruch, dem Sohn des berühmten Mediziners, der sie schrittweise ab den 50ern an den Fassaden anbrachte. Machen Sie sich mit ihren Kindern den Spaß, das Haus mit dem lustigsten Namen in Konstanz zu finden. Bei etwa 100 Gebäuden – vom „Haus Aberhaken" bis zum „roten Zuber" – dürfte etwas dabei sein. Das Haus zum „vorderen Bissen" in der Wessenbergstraße ist schon mal preisverdächtig.

Sind Sie mit Kindern unterwegs in der Stadt, kommen Sie am Sealife-Center nicht vorbei. Das Großaquarium zeigt die Unterwasserwelt von Rhein und Bodensee und führt von der Quelle des Rheins durch den Bodensee bis zur Nordsee. Dann wird es exotisch: Ein Acryltunnel führt mitten durch das Rote Meer, während Riffhaie, Meeresschildkröten und Muränen direkt über den Köpfen der staunenden Besucher schwimmen. Das hat zwar mit dem Bodensee rein gar nichts mehr zu tun, die kleinen Besucher sind natürlich trotzdem fasziniert.

Sind Sie allein unterwegs, dann lassen Sie sich am besten einfach durch die Stadt treiben, durch die engen Gassen, vorbei am Rosgartenmuseum, dem Münster und der städtischen Wessenberg-Galerie mit dem schönen Café im Innenhof,

▲ Das neue Wahrzeichen der Konzilstadt Konstanz – die Imperia von Peter Lenk. Früher heftig umstritten, heute der viel fotografierte Star am Hafen.

Historische Autofähre

Sonderfahrt wie anno dazumal

Die alte Autofähre MS Konstanz hat am Bodensee im Jahr 1928 eine neue Epoche eingeläutet. Rührige Bastler und See-Nostalgiker haben in ihrem Verein unzählige freiwillige Arbeitsstunden geleistet, um das historische Kleinod vor der Verschrottung zu retten. Jetzt ist die erste Autofähre auf dem Bodensee wieder flott und kann gebucht werden, zum Beispiel für Betriebsfeste oder Jubiläen. Der Verein selbst bietet übers Jahr immer wieder Sonderfahrten an, zum Beispiel bei Sonnenaufgang oder bei Sonnenuntergang.

Franz Hiller
Sonnentauweg 9
78467 Konstanz
Tel.: 07531/54613

bummeln durch das älteste Stadtviertel, die Niederburg, und landen wieder automatisch vorn am See. Neben dem Konzilsgebäude ist in den ehemaligen Hafenhallen eine gastronomische Meile entstanden, die hohen Ansprüchen genügt. Hier vorn lassen sich auch bequem die Schiffe der Bodenseeflotte besteigen, die alle Gäste quer über den See verteilt. Wir empfehlen einen Abstecher den Seerhein hinunter Richtung **Insel Reichenau**, mit einem kleinen Abstecher nach **Gottlieben**, dem kleinen, reizenden Ort im Schweizer Kanton Thurgau. Wunderschöne Bürgerhäuser aus dem 17. Jahrhundert, verwinkelte Gässchen und die schattenspendende Platanenallee prägen das idyllische Ortsbild. „Gottliebenswert" hat einer der Touristiker treffend gedichtet. Die weltberühmte Schweizer Sopranistin Lisa della Casa war lange Jahre Besitzerin und Bewohnerin des Schlosses direkt am See. Es kann leider nur vom Schiff aus bestaunt werden.
Schön ist die Annäherung an die Reichenau auch mit dem Fahrrad: Die Route führt vorbei am Eriskircher Ried, einem prächtiges Naturschutzgebiet, das besonders zu Zeiten der Irisblüte sensationelle Anblicke bietet, und dann weiter über den Reichenau-Damm mit der beeindruckenden Allee. Die Reichenau ist zugleich die Insel der Mönche und der Salatköpfe. „Aus der Region – für die Region" ist das Schlagwort der Obst- und Gemüsebauern auf der Insel. Oft arbeiten noch

Tee-Zeremonie auf der Reichenau

Haus der Stille

Die Reichenau wird seit dem 9. Jahrhundert von einer kontemplativen Aura umweht. Das liegt an den Benediktinern und ihrem Wirken auf der Insel. Seit Neuestem kann man auch auf fernöstliche Art Kraft tanken und zu sich finden. Das Zen-Teehaus ist in eine alte Gastwirtschaft eingezogen und bietet nicht nur eine riesige Auswahl an Teesorten und asiatischem Kunsthandwerk, sondern stilgerechte Tee-Zeremonien. Ein guter Platz, mal runterzukommen, wenn der Urlaub zu anstrengend wird.

Zen-Teehaus
Freiherr-von-Hundbiss-Straße 2
78479 Reichenau
Tel.: 07534/9990900
www.zenhome.de

Dank des reichen Erbes der Benediktiner ist die Reichenau auf die Schutzliste der UNESCO gekommen. St. Peter und Paul beeindruckt durch romanische Säulen und die prächtige Lage am See.

drei Generationen auf einem Feld. 12 000 Tonnen jährlich frisch vom Feld, direkt verarbeitet und sofort ausgeliefert nach Baden-Württemberg und in Teile Bayerns. Das ist der Gegenentwurf zu den europaweit organisierten Lebensmitteltransporten. Der Anbau auf der Insel Reichenau geht bis auf das 9. Jahrhundert zurück. Obst und Gemüse vom Weltkulturerbe – welcher Landwirt kann so was schon bieten?!

So geschäftig es auf den Feldern, in den Gewächshäusern und in der zentralen Vermarktungshalle zugeht, so still ist es in den drei Gotteshäusern der Insel. Die Klosterinsel wurde 2000 in die Liste des UNESCO-Welterbe aufgenommen, als schützenswertes Zeugnis einer von Benediktinern geprägten Kultur. Diese Zeit hat bis heute ihre Spuren hinterlassen. Die drei Kirchen sind schön über die Insel verteilt und immer einen Besuch wert: sei es, um die Kirchenschätze und Wandmalereien zu bewundern oder ganz einfach, um im sommerlichen Trubel Abstand zu gewinnen.

Auf der Reichenau gibt es sogar noch zwei Extra-Feiertage: das Markusfest am 25. April und das Heilig-Blut-Fest am Montag nach dem Pfingstmontag. Dann wird auf der Insel weder gearbeitet noch unterrichtet – es wird gebetet und natürlich gefeiert.

Am Untersee liegt das **Kloster Hegne**, seit 1895 ein Hort der Schwestern vom Heiligen Kreuz. Die Klostermauern beherbergen unter anderem ein Pflegeheim, eine Schule und das Haus der Stille. Das Gedenken an die selige Schwester Ulrika

▲ Obst und Gemüse vom Weltkulturerbe. Die Reichenau ist ein fruchtbarer Garten mitten im See.

▼ Fröhliche Pause: die Schwestern vom Kloster Hegne an ihrem Privatstrand.

Ausflug nach Arenenberg

Napoleons Heimstatt

Umweltfreundlich reisen und dann noch spannende Geschichte erleben. Kein Problem. Von der Reichenau lässt sich Schloss Arenenberg in der Schweiz gemütlich und ökologisch erreichen, mit der Solarfähre, die am Fuß des Schlosses anlegt. Historische Bedeutung erlangte das Anwesen als Wohnsitz der holländischen Königin Hortense de Beauharnais und des späteren französischen Kaisers Napoleon III. Die Einrichtung des heutigen Napoleonmuseums besteht weitgehend aus der Originalmöblierung. Für Kinder gibt es speziell konzipierte Führungen in historischen Kleidern aus der Kaiserzeit.

Napoleonmuseum
CH-8268 Salenstein
Tel.: 0041/716641866
www.napoleonmuseum.tg.ch

Panoramische Lage über dem See: Meersburg, ein vielbesuchter Besuchermagnet. Hier spucken auch die Autofähren täglich tausende Fahrzeuge und viele erwartungsfrohe Gäste an Land.

Wer sich ein Segelschiff auf dem Bodensee leisten kann, ist wahrlich zu beneiden. Die kühnsten Kapitäne wagen sich auf die „Rundum“, die größte Segelveranstaltung am See.

Nisch wird in Hegne großgeschrieben. Nicht bekannt ist vielen Besuchern, dass das Kloster Hegne mit dem Haus St. Elisabeth nicht nur ein nettes Hotel mit Blick auf die Reichenau hat, sondern auch noch einen exklusiven Privatstrand, an dem sich gelegentlich auch die außerordentlich netten Schwestern von Hegne entspannen können.

Wechseln wir zum Überlinger See und treffen schon wieder auf eine Skulptur des Bildhauers Lenk. In **Ludwigshafen** erinnert seine Skulptur „Ludwigs Erben“ eher an eine politische Klagemauer. Die halbnackte Kanzlerin ist nicht jedermanns Geschmack, eine Attraktion ist die Skulpturenwand trotzdem oder gerade deswegen.

In dieser Ecke des Bodensees haben nicht wenige Stuttgarter ihr Feriendomizil. Die Aussage aber, dass der Bodensee die Badewanne der Landeshauptstadt sei, ist dann doch leicht übertrieben. Viel richtiger ist die Tatsache, dass Stuttgart ohne das Trinkwasser aus dem Bodensee ziemlich auf dem Trockenen sitzen würde. Die Trinkwasseraufbereitungsanlage auf dem **Sipplinger Berg** kann übrigens in der Saison immer am Mittwochnachmittag besichtigt werden. Gruppen sollten sich anmelden.

Weiter ins gepflegte Hafenstädtchen **Überlingen**. Nur der Vollständigkeit halber sei erwähnt: Auch hier gibt es eine Lenk-Skulptur. Wer genau hinschaut, erkennt auf dem Brunnen den Schriftsteller Martin Walser als Don-Quichotte-ähnliche Figur auf einem klapprigen Pferd. Die Uferpromenade von Überlingen ist ein echter Hingucker. Sie gilt als die längste am gesamten Bodensee und ist an schönen Tagen entsprechend bevölkert. Wem das zu trubelig sein sollte, der kann sich in den schönen Stadtgarten zurückziehen und von dort aus am wuchtigen Stadtgraben entlang spazieren. Es mag etwas verwunderlich sein, dass ausgerechnet in Überlingen am See ein Thermalbad gebaut wurde. Aber: Die Bodensee-Therme mit der großzügigen Bade- und Saunalandschaft ist eine echte Schlechtwetter-Alternative, zumal der Blick auf den See aus dem 33 Grad warmen Wasser wirklich nicht schlecht ist.

„Kleine Stadt, ganz groß“ – mit diesem Slogan wirbt **Meersburg** für sich. In der Tat: Meersburg wirkt wie eine mittelalterliche Puppenstube. Aber Meersburg hat auch ein Problem: Die Stadt ist so schön, dass es in der Saison ganz schön voll ist. Das liegt einerseits an der Autofähre von Konstanz, die im Minutentakt Menschen und Autos an Land spuckt, andererseits an der prachtvollen Lage am See und auf den Anhöhen, der wirklich schnuckligen Altstadt, der ausgezeichneten Gastronomie und den vielen Museen, die zum Pflichtprogramm gehören, ganz vorneweg die Meersburg und das Droste-Hülshoff-Häuschen. Vielleicht sollte man einen Abstecher nach Meersburg spontan einplanen, wenn das Wetter nicht ganz so toll ist und dann zumindest viele der Tagestouristen wegfallen. Wenn man sich schon mal schweren Herzens vom Seeufer trennen will, dann ist jetzt eine gute Gelegenheit. Man leiht ein Rad und fährt durch die zweitgrößte Obstanbau-Region Deutschlands. 17,5 kg Äpfel isst der Durchschnittsdeutsche jährlich – in der Gegend rund um **Hagnau** kann man sehen, wie und wo das Obst angebaut wird. Egal, ob schnurgerade in den fast endlosen Plantagen oder ziemlich durcheinander auf den ökologisch wichtigen Streuobstwiesen. Den Abschluss dieser Rundfahrt könnte ein Besuch bei Walter Gutemann in Hagnau bilden: Er war nicht nur regelmäßig im Wetterbericht der Landesschau zu sehen und baut nicht nur Obst und Wein an, sondern zeigt in seiner Schau-Destillerie auch, wie aus Obst hochprozentige Brände werden.

Die Gutemanns bieten wie viele andere Obst- und Weinbauern auch sehr schöne Zimmer und Wohnungen an. Überhaupt: Das reizende Hagnau ist ein geeigneter Standort für einen Bodenseebesuch. Zentrale Lage, gute Hotellerie und vor

allem gute Gasthäuser. Die werden mit fangfrischem Fisch aus dem See versorgt. Dafür ist Heike Winder schon am frühen Morgen mit ihrem Boot auf dem See unterwegs – sie ist die moderne „Fischerin vom Bodensee“.

Friedrichshafen ist vor allem als Industrie- und Hightech-Stadt bekannt. Raum- und Luftfahrt haben die Stadt weltberühmt gemacht, Satelliten „Made am See“ schwirren durch den Weltraum. Trotzdem und trotz der schweren Zerstörungen im April 1944 hat Friedrichshafen hübsche Ecken, die zum Flanieren einladen. Vor allem entlang des Ufers, zwischen Yachtclub und dem Hafen mit dem markanten Mole-Turm, lässt es sich ausgezeichnet bummeln und einkehren.

Friedrichshafen ist nach dem ersten württembergischen König Friedrich benannt. Deshalb sollten Besucher auch dem Schloss mit der Schlosskirche einen Besuch abstatten. Vielleicht kommt es ja zu einem Treffen mit dem „heutigen“ Friedrich. Herzog Friedrich von Württemberg lebt so lange im Schloss am See, bis er das Adelshaus von seinem Vater übernimmt und dann ins oberschwäbische Altshausen umziehen muss. Gelegentlich sieht man ihn bei Weinproben in der neu gestalteten Vinothek im Schloss, wo die edlen Tropfen des Hauses Württemberg verkauft werden.

▲ Fangfrisch auf den Tisch: Berufsfischer wie Heike Winder haben ein Problem. Der Bodensee ist „zu sauber“, die Ausbeute wird immer geringer.

An zwei weiteren Namen kommt man in Friedrichshafen nicht vorbei: Dornier und Zeppelin. Das Zeppelin-Museum im alten Hafenbahnhof ist seit vielen Jahren ein Besuchermagnet. Werbung dafür machen die Luftschiffe, die immer wieder über dem See schweben (und übrigens auch Passagiere mitnehmen – zum stolzen Preis von mindestens 200 Euro pro Nase).

Relativ neu und nicht minder spektakulär ist das Dornier-Museum, ein architektonisch aufregender Neubau in Hangar-Form am Flughafen. Alleine mit der Wahl des Standortes ist der Bogen gespannt zu 100 Jahren Luftfahrtgeschichte, die von Männern wie Claude Dornier und seinen einzigartigen Flugbooten geprägt wurde. Einmal im Monat führt sogar Museumsdirektor Berthold Porath durch das Haus.

Zum Schluss die Königsdisziplin am Bodensee: die „Rundum". Das ist der Name einer legendären Segelveranstaltung mit Start und Ziel vor Lindau. Eine Seeumrundung ist aber auch auf dem Landweg möglich. Der Bodensee-Radrundweg ist knapp 260 Kilometer lang und kann mit etwas Übung in drei Tagen gemacht werden, wobei der Abschnitt auf der Schweizer Seite weniger schön und weniger seenah ist als der auf der deutschen. Je mehr der vielen Sehenswürdigkeiten man bei einem Stopp besichtigt, desto länger dauert logischerweise die Umrundung auf dem Drahtesel.

Und – kaum zu glauben: Es gibt Leute, die in einem Jahr den See mit dem Rad umrunden, im folgenden Jahr zu Fuß. Der Wanderweg um den See ist unterteilt in elf anspruchsvolle Etappen. Das muss man sich nicht in Gänze antun, also lieber mal schummeln und mit dem Fährschiff eine Abkürzung nehmen. Sie müssen es ja nicht weitersagen ...

▲ Blickfang über den Dächern von Friedrichshafen – der Turm der Stadtkirche St. Nikolaus. Im Zweiten Weltkrieg schwer zerstört, wurde das Gotteshaus schon 1949 wieder eröffnet.

Echte Cowboys

Mit der Kuh auf Du und Du

Es ist nicht gerade der Geschmack von Abenteuer und Freiheit, der diese Cowboys umgibt – aber ein lustiges Spektakel ist es allemal. Auf dem Bolderhof hinter der Schweizer Grenze kann man tatsächlich auf echten Kühen reiten, statt sie mit dem Lasso einzufangen. Besonders gefragt sind die gemeinsamen Ausritte rund um den Hof. Die große Runde dauert etwa vier Stunden, ein Bio-Vesper ist mit dabei. Auch ansonsten ist der Hof eine prima Adresse für alle, die ungewöhnliche Dinge erleben oder verschenken wollen.

Bolderhof
Fam. Morgenegg
CH-8261 Hemishofen
Tel.: 0041/527424048
www.bolderhof.ch

DZR

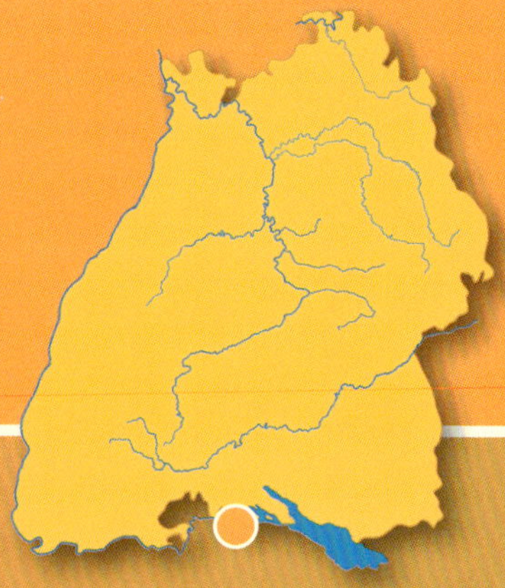

Hegau/Höri

Perlen im Hinterland

Von Singen
bis zur Liebesinsel

Ist es nicht ungerecht? Wer die A 81 südwärts nimmt, hat meistens nur ein Ziel – den Bodensee. Vielleicht schaut der Autofahrer bei der Fahrt hinunter in den Hegau kurz nach rechts und denkt sich: nett hier! Dann muss er sich auch schon entscheiden, ob er Richtung Friedrichshafen oder Richtung Konstanz weiterfährt. Und schon hat er eine der eindrucksvollsten Naturlandschaften des Südwestens verpasst.

Der Hegau steht zu Unrecht im Schatten des Sees. Es ist eine Landschaft, die vor allem für Familien und Aktivurlauber bestens geeignet ist. Golfen, Reiten, Radeln, Wandern inmitten einer begnadeten Landschaft, die vor Millionen Jahren geformt worden ist. „Der schwäbische Vulkan ist ein ruhiger Geselle", hat einmal ein Professor der Uni Tübingen seinen Studenten erläutert. Und damit den Hegau gemeint. Die Hegau-Vulkane sind die übriggebliebenen Magma-Schlote, die den Gletschern im Pleistozän widerstanden haben und diese einmalige Landschaft prägen.

Will man sich dem Hegau also geologisch nähern, dann nimmt man sich zwei Stunden Zeit für den einmaligen Eiszeitpark Petersfels. Auf dem Naturpfad beim reizenden Städtchen **Engen** erfahren Erwachsene wie Kinder sehr anschaulich, wie es im Hegau vor etwa 15 000 Jahren ausgesehen haben könnte. Viel spannender aber ist die Erkundung der Region auf dem Rücken von Pferden, sei es den eigenen oder gemieteten. Wanderreiten zwischen den Bauernhöfen ist schwer im Trend. Das Gepäck wird selbstverständlich transportiert. Im Hegau gibt es sogar einen Verein, der sich diese Fortbewegungsart auf die Fahnen geschrieben hat und der Themenritte durch die schöne Landschaft organisiert, zum Beispiel auf alten Postwegen.

Schaffhausen

Per Anhalter auf dem Rhein

Ein Besuch im nahen Schaffhausen in der Schweiz gehört zum Pflichtprogramm des Hegau-Urlaubers. Die malerische Innenstadt ist eine Attraktion, ebenso der Rheinfall, der mächtigste Wasserfall Europas. Ziemlich einzigartig dürfte der Boot-Stopp sein, eine Haltestelle für Reisende, die per Anhalter auf dem Rhein unterwegs sind. Wer nicht mitgenommen wird, kann immer noch die Linienschiffe auf dem Seerhein benutzen oder sich einen Weidling, eine Art Stocherkahn, mieten. Auch das ist eine lauschige Art, sich auf dem Rhein fortzubewegen.

Boots-Stopp Schaffhausen
Beim Pumpwerk am Lindli, auf Höhe der Liegenschaft Rheinhaldenstrasse 50

Attraktive Touren in der Begleitung von Vierbeinern kann man auch ganz anders machen: unterwegs mit Packtieren, also mit Eseln und Ziegen. Auf dem Haldenhof bei Engen ist Annelie Falk zuhause. Die Tierpflegerin und Naturpädagogin hatte die Idee für diese ausgefallene Art der geführten Wanderungen. Die Touren mit Annelie und ihren Tieren sind für Besucher ab 5 Jahren geeignet.
Singen, die Hegau-Metropole, war ein kleines Nest – bis die Eisenbahn kam. Mit dem Anschluss ans Schienennetz 1863 begann eine rasante Entwicklung. Schweizer Firmen gründeten im Hegau erfolgreiche Ableger, allen voran Georg Fischer und natürlich Julius Maggi, die damals für deutsche Verhältnisse revolutionäre Sozialideen in ihren Betrieben verwirklichten. Die Bahn und die Schweizer haben Arbeitsplätze und Wohlstand nach Singen gebracht.
Der Maggi-Suppenwürfel ist noch bekannter als der Hausberg der Singener und gilt als eines der bekanntesten Markenprodukte Deutschlands. Selbstverständlich kann man diese Goldgräberstimmung von damals im firmeneigenen Museum nachvollziehen, auch wenn es nur um Suppen und nicht um Gold geht. Singen ist heute eine moderne Mittelstadt in beneidenswerter verkehrsgünstiger Lage mit einem reichen Kulturleben. Höhepunkte sind das Hohentwiel-Fest und der Kultursommer; auch die städtische Kunstsammlung ist ein unerwarteter Höhepunkt in der Kleinstadt im Hinterland des Sees, die moderne Stadthalle erfüllt alle Ansprüche. Und die Landesgartenschau zur Jahrtausendwende hat Singens einstmaligen Schandfleck zu einer kleinen Flanieroase gemacht. Kunst im öffentlichen Raum ist in Singen kein Schlagwort, sondern gelebter Alltag.
Aus allem aber ragt der **Hohentwiel** heraus. Der Hausberg der Stadt wurde erst 1969 der Stadt zugeschlagen, zuvor war er jahrhundertelang württembergisch. Diese Tatsache hat einige Lokalpatrioten geschmerzt, die Singener aber nicht daran gehindert, regelmäßig auf den Berg zu pilgern: zum Wandern, zum Schlemmen, zum Staunen oder zum Ausblick auf den See, der in wenigen Kilometer Abstand in der Sonne glitzert. Der markante Vulkanschlot mit der größten (und niemals eingenommenen) Festung Deutschlands ist schon seit 1941 ein Naturschutzgebiet. Naturschutzwart Heinrich Werner zeigt interessierten Gästen gerne die ganz besondere Fauna und Flora des Berges.
Den Hohentwiel erreicht man ganz umweltschonend mit dem „Seehas“, der Hegau S-Bahn. Von der Haltestelle Landesgartenschau geht es steil den Berg hinauf. Eine Pause in der Gastronomie, beim Bauernmarkt oder bei einer Weinprobe ist hochwillkommen. Ja, Wein wächst auch auf diesem mächtigen Kegel. Auf der Südseite, dem Elisabethenberg, hat die Privatkellerei Vollmayer ihre Rebstöcke.

◂ Ein Ruderboot auf dem See zwischen Moos und Radolfzell. Auf dieser Strecke findet jährlich die Mooser Seeprozession statt. Eine imposante Wasserwallfahrt als Dank für die Rettung vor einer Viehseuche.

▾ Typisch Hegau: Schafe als Landschaftspfleger und im Hintergrund der Hohenkrähen, einer der markanten Vulkankegel.

▾▾ Typisch Singen: Die Suppenwürze von Maggi ist eines der bekanntesten deutschen Markenprodukte.

Himmlisch

Heilig Grab Kapelle Weiterdingen

Wer konnte es sich früher schon leisten, nach Jerusalem zu reisen und dort das Heilige Grab zu besichtigen? Also baute man die Wallfahrtsstätte Ende des 17. Jahrhunderts im Hegau kurzerhand ziemlich originalgetreu nach. An der Landstraße zwischen Hilzingen und Weiterdingen liegt die kleine Sehenswürigkeit, die man ohne Grabwächter natürlich nicht betreten kann. Otto Puchstein vom Kapellenhof macht das gerne und sachkundig, wenn man sich rechtzeitig anmeldet.

Otto Puchstein
Kappellenhof 2, 78247 Hilzingen, Tel.: 07739/341

Das Staatsweingut Meersburg hat die Lage Olgaberg in seinem Besitz. Der Vulkanschlot ist der höchstgelegene Weinberg Deutschlands, nebenbei bemerkt. Vom Hohentwiel hat man eine schöne Rundumsicht über das Gebiet, das sich wunderbar bei dieser abwechslungsreichen Expedition entdecken lässt.

Hilzingen, auf dessen Gemarkung ein Teil des Hohentwiel liegt, bietet für eine kleine Gemeinde eine erstaunliche Dichte an Attraktionen. Die kleine Gemeinde beherbergt den größten Duft- und Kräutergarten Deutschlands – ein Muss für alle Gartenliebhaber, aber auch für Familien. Es ist ein spaßiges Aha-Erlebnis, wenn ein Kraut plötzlich nach Schokolade, in der Stinkecke ein anderes nach faulen Socken oder frisch geteerten Straßen „duftet".

Die Pfarrkirche St. Peter und Paul ist eine weitere Sehenswürdigkeit, in einem Atemzug zu nennen mit der Birnau. Beide prachtvollen Barockkirchen sind das Werk des österreichischen Baumeisters Peter Thumb (1681–1766). In der Kirche sind während der Kirchweih im Oktober Blumenteppiche zu sehen, die der Barockpracht in nichts nachstehen. Die Hilzinger Kirchweih im Jahr 1524 war auch der Ausgangspunkt für eine Erhebung der Hegau-Bauern, die den Bauernkrieg im Südwesten Deutschlands initiierte. Ironie der Geschichte, dass die fürchterliche Schlacht von Hilzingen genau acht Monate später auch das blutige Ende des Bauernaufstands bildete.

Der Hegau ist eine Region, der für aktive Familien eine schier unerschöpfliche Vielfalt bietet. Kostproben gefällig?

Baden kann man natürlich problemlos vorne am Bodensee. Muss aber gar nicht sein, der Hegau bietet einige interessante Badegewässer für die ganze Familie. Die Schwackenreuter Seenplatte bei Mühlingen, entstanden durch den Kiesab-

Der größte Duftgarten Deutschlands liegt am Fuß des Hohentwiel. In Hilzingen kann man sich durch die ganze Welt schnüffeln. Blütenpracht auf der einen Seite – richtige Stinker auf der anderen.

bau, ist zwar ein Naturschutzgebiet, aber auch ein beliebter naturbelassener Badetreffpunkt. Schön und ungewöhnlich sind auch der Espelsee bei Tengen und das Naturbad Aachtal in Rielasingen mit seinem spektakulären Sprungfelsen. Doch lieber wandern? Dann bietet sich der Hegau-Panoramaweg an: 180 Kilometer lang, vorbei an allen markanten Punkten des Hegau bis vor zum Bodensee, portioniert in 13 Etappen, die auch einzeln gegangen werden können. Oder aber „Drei auf einen Streich", die Vulkanberge Hohentwiel, Hohenkrähen und Mägdeberg in einer Tour, gut zu schaffen in gemütlichen fünf Stunden.
Überflüssig zu sagen, dass es im Hegau nicht nur ein perfekt ausgebautes Netz an Wanderwegen, sondern auch ein über 600 Kilometer langes Radwegenetz gibt. Ideal zum gemütlichen Strampeln oder zum anspruchsvollen Mountainbiken.
Eine solche Tour wird auch nach **Aach** führen – Schauplatz eines seltenen Naturphänomens. Der Aachtopf, Deutschlands mächtigste Quelle, spuckt einen ganzen Fluss auf einen Schlag aus. Es ist größtenteils Donauwasser, das sich unterirdisch auf den Weg nach Süden und damit letztlich über Aach, Bodensee und den Rhein in die Nordsee aufgemacht hat. Wer Glück hat, kann die Aachtaucher bei ihren riskanten Forschungsarbeiten beobachten. Sie wollen das Rätsel der „Schwarzen Donau" lüften.

Blumenfeld

Stadt im Miniaturformat

„Tengen, Aaach und Blumenfeld, sind die schönsten Städt' der Welt" – so reimt der Volksmund im Hegau. Blumenfeld, heute ein Ortsteil von Tengen, ist nicht nur schön, sondern auch ziemlich klein. Gegen Ende des 13. Jahrhunderts erhielt Blumenfeld Stadtrechte, sogar ein Amtsgericht hatte hier mal seinen Sitz. Blumenfeld zählt heute knapp 500 Einwohner und war bis zu seiner Eingemeindung eine der kleinsten Kleinstädte Deutschlands. Sehenswert ist das Deutschordensschloss, in dem ein Seniorenheim untergebracht ist. Besichtigungen sind nach Anmeldung möglich. Ein Bummel durch die mittelalterliche Altstadt birgt so manche Überraschung.

Schloss Blumenfeld
Schlossstr. 10
78250 Tengen-Blumenfeld
Tel.: 07736/92300

▲▼ Im Aachtopf sind immer wieder Forschungstaucher unterwegs. Sie versuchen, das Geheimnis der größten deutschen Quelle zu lüften. Fest steht nur: Es handelt sich überwiegend um Donauwasser, das im Hegau aus einer Karsthöhle ans Tageslicht schießt. Über den Bodensee und den Rhein gelangt das versickerte Donauwasser in die Nordsee.

▶ Die Aach ist bis zur Mündung in den Bodensee nur 32 Kilometer lang. Durch die starke Schüttung der Quelle kann man aber problemlos Kanu oder Boot auf dem Fluss fahren.

Irgendwann kommt der Radler dann auch in **Eigeltingen** vorbei. Dort haben zwei ganz besondere Geschmacks-Künstler ihre Heimat. In der Stählemühle brennt Christoph Müller Edelschnäpse, die ihresgleichen suchen und zu den besten in der ganzen Welt gezählt werden. Und – für Familien mit Kindern ein echter Kracher – im Ort hat auch Simone Roth ihre Bodensee Bonbon Manufaktur untergebracht. Es ist ein Heidenspaß für Kinder, mit Simone gemeinsam leckere Bonbons und quietschbunte, aber naturaromatische Lollis herzustellen. Ein tolles Mitbringsel aus dem Urlaub.
Schön verstreut in der Ebene liegt eine weitere Besonderheit des Hegau – die offenen Gärten. Dazu gehören natürlich die städtischen Parks und Grünanlagen.

Dass aber auch private Gartenbesitzer ihre Kostbarkeiten für Besucher öffnen, das ist eine Seltenheit und sollte von Gartenfreunden genutzt werden. An die 50 Gärten – vom meditativen Feng-Shui-Garten über den Künstlergarten mit allerlei Kunstwerken bis hin zum romantischen Bauerngarten – stehen nach Voranmeldung offen. Eine wirklich tolle Initiative.

Als letzte Hegau-Schleife bietet sich ein Abstecher nach **Langenstein** an. Im Schloss von Axel Graf Douglas ist das Fasnachtsmuseum untergebracht. Wem die umfangreiche Sammlung zu langweilig ist, der kann sich auf dem wunderschön angelegten naturnahen Golfplatz vergnügen. An der Fasnacht kommt er aber nicht vorbei. Spätestens in **Stockach** trifft er in der Hauptstraße auf den Hans Kuony-Brunnen. Auf den schlauen Narr am Hofe des österreichischen Herzogs Leopold I. (1290–1326) geht schließlich das berühmte „hohe grobgünstige Narrengericht zu Stocken“ zurück.

Noch ein finales Argument für den Hegau: im Juli und August, wenn vorne am See alle Betten erstens teuer und zweitens belegt sind, findet sich im Hegau immer noch eine Ferienwohnung oder ein Campingplatz zu moderaten Preisen. Die **Höri**, die genau genommen eigentlich auch zum Hegau gehört, ist sowieso ein besonderes Schmuckstück. Die Halbinsel, die den Übergang vom Bodensee in den Seerhein bildet, ist Naturidyll und Künstleroase in einem. Wer sehen will, wie sich der Biber wieder heimisch gemacht hat, ist hier ebenso am rechten Platz wie der Kunstsinnige, der auf den Spuren von Nobel-Preisträger Hermann Hesse oder denen des Malers Otto Dix wandeln will.

Der Hegau ist Schlaraffenland. In Eigeltingen fabriziert Simone Roth köstliche Bodensee-Bonbons und am Hohentwiel baut die Familie Vollmayer ausgezeichnete Weine an.

◂ Die Liebesinsel liegt vor Radolfzell. Heute ist die Insel streng behütetes Naturschutzgebiet. Hier wurden aber auch die romantischen Liebesszenen für den Film „Die Fischerin vom Bodensee“ gedreht.

▾ Eine Kulturlandschaft wie aus dem Bilderbuch: Die Halbinsel Höri ragt zwischen dem Seerhein und Radolfzell in den Bodensee hinein.

In **Gaienhofen** und **Hemmenhofen** sind zwei Museen den großen Künstlern gewidmet, das Dix-Haus wird seit Neuestem von Stuttgart aus mitverwaltet, wo eine bedeutende Dix-Sammlung daheim ist. Die Spuren von Otto Dix sind übrigens auch in Singen zu bewundern: Im Ratssaal hinterließ er ein imposantes Wandgemälde und einige seiner Werke gehören zur Singener Sammlung. Er fand die Höri „zum Kotzen schön". Dies ist auch der Titel einer Geo-Caching Tour über die Halbinsel. Und zu Hermann Hesse, der hier mit Blick auf den See glückliche Jahre verbrachte und dort sein einziges Haus bauen ließ, ist schon genug geschrieben worden.

Glücklich werden kann man auch in den feinen, kleinen Seegemeinden **Horn** und **Moos**, in einem der netten Lokale mit einem fangfrischen Bodenseefisch auf dem Teller. Oder auf dem Schiener Berg, nach einer anstrengenden Wanderung im Grenzland und dem phänomenalen Blick zum Seerhein und auf den Bodensee.

Zum Schluss: Die „Liebesinsel" vor der Mettnau bei **Radolfzell**. Sie ist heute Teil des großen Naturschutzgebietes und war Schauplatz für ein amouröses Abenteuer bei den Dreharbeiten zum legendären Film „Die Fischerin vom Bodensee". Eine Kanutour rund um Mettnau und die Liebesinsel lässt garantiert romantische Gefühle aufkommen.

Quartier im Zirkuswagen

Manege frei zur Nacht

Schöne Quartiere gibt es an jeder Ecke auf der Ferieninsel Höri. Ein besonderes Erlebnis ist aber die Übernachtung in einem ehemaligen Zirkuswagen. Er ist liebevoll ausgestattet mit Bett, kleiner Küche und Holzofen. Zwei Personen haben im Wagen Platz. Originell – und gar nicht mal sehr teuer. Die Anbieter dieser ungewöhnlichen Herberge veranstalten auch geführte Kanutouren auf dem Seerhein, etwa ins mittelalterliche Diessenhofen auf der gegenüberliegenden Schweizer Rheinseite.

Bootsstüble Wangen
Seeweg 13
78337 Öhningen
Tel.: 07735/440662

Diesen Blick auf den Seerhein konnte der Maler Otto Dix von seiner Villa in Gaienhofen aus genießen. Auch Hermann Hesse ließ sich auf der Halbinsel der Künstler nieder.

Ober-schwaben

Gelobtes Land

Vom Bussen
nach Bad Waldsee

Wenn es eine Region in Baden-Württemberg gibt, in der kleine Weiler „Ewigkeit" oder „Paradies" heißen und in der – so der Titel einer Filmkomödie – „das Wasser bergauf fließt", dann kann es sich nur um Oberschwaben handeln. Für die einen ein gelobtes Land wegen der vielen barocken Prachtbauten, der weit verbreiteten Gläubigkeit der Bevölkerung und der hohen Wahlergebnisse, die von der CDU seit Jahrzehnten eingefahren werden. Für die anderen, weil sich in dieser Region Berge, Himmel und heimelige Städte zu einer großartigen Einheit verbinden. Oberschwaben ist Augenfutter und Seelenbalsam zugleich, eine Region mit heilender Wirkung. Ob daran ursächlich die vielen Kurbäder oder aber die berühmten Wunderheiler aus Oberschwaben beteiligt sind, lässt sich nur schwer sagen.

Wo die Menschen auf den ersten Blick so gottes- und obrigkeitsfürchtig sind, entwickelt sich natürlich auch eine bunte, weltliche Szene. Es ist ausnahmeweise kein Wunder, dass der erste grüne Bürgermeister einer deutschen Gemeinde ausgerechnet in oberschwäbischen Maselheim bei Biberach 1991 gewählt wurde und bis heute amtiert.

Die Expedition durch Oberschwaben beginnt aber passend auf dem **Bussen**, dem „heiligen Berg Oberschwabens", der die Ouvertüre für ein frommes Feuerwerk liefert. Der Bussen wird auch der „Kindleberg" genannt, weil viele Wallfahrer hierher pilgern, die sich in ihrem Kinderwunsch himmlischen Beistand suchen. Bussen-Pfarrer Albert Menrad kann viele rührende Geschichten darüber erzählen und kennt auch so manches Happy End. Zehn Wallfahrtstage gibt es im Jahr. Auch ohne akuten Kinderwunsch lohnt der Aufstieg zur Wallfahrtskapelle auf dem 767 Meter hohen Berg. Bei klarem Wetter ist die Rundsicht wirklich göttlich: Vom Ulmer Münster bis zu den Alpen – und der Federsee ist zum Greifen nah.

▲ Einfach himmlisch: Ein Heißluft-Ballon schwebt vorbei am Bussen, dem heiligen Berg der Oberschwaben.

Erst geht es aber nach **Riedlingen** an der Donau, ganz in der Nähe des Bussen. Die Stadt mit dem historischen Marktplatz bietet immer wieder Anlass zu einem Kurzbesuch: Die Fasnacht mit der Figur „Gole" ist weitbekannt, auch wenn das Kuttelessen am Fasnacht-Dienstag nicht jedermanns Geschmack ist, ebenso der Fohlenmarkt und der Oldtimer-Flugtag auf dem nahen Flugplatz. Den berühmtesten Sohn der Stadt wird man eher nicht treffen: Mario Gomez, der Fußballstar, stammt aus dem Ortsteil Unlingen und verdient seine Brötchen inzwischen in Florenz.

In einer kleinen Gemeinde nahe Riedlingen ist – passend zu Oberschwaben – immer Weihnachten. In **Oberstadion** gibt es ein sehenswertes Krippenmuseum mit fast 200 weihnachtlichen Motiven, gelegentlich auch Sonderausstellungen. Der Ort des Museums ist goldrichtig, denn in Oberstadion hat Christoph von Schmid (1768–1854) als Pfarrer gewirkt. Schmid war nicht nur Seelsorger und Autor, sondern von ihm stammt auch das Weihnachtslied „Ihr Kinderlein, kommet". Womit der Bogen zum Bussen wieder geschlagen wäre.

Von hier ist es nur einen Katzensprung zur nächsten wunderlichen Sehenswürdigkeit Oberschwabens. Der **Federsee** ist ein Überbleibsel der Eiszeit und wird irgendwann einmal völlig verschwunden sein. Trotzdem ist der See eine Attraktion. Bei schönem Wetter sieht man viele Spaziergänger auf den Wegen und den kinderwagentauglichen Holzstegen, die durch das hohe Schilf führen. Sachkundige Führungen für Gruppen stehen fast ständig auf dem Plan des Natur-

▲ Typisch Oberschwaben: die Kruzifixe am Wegesrand.

▼ Weihnachten, das ganze Jahr über: In der kleinen Gemeinde Oberstadion liegt das Krippenmuseum. In diesem Ort wurde auch das Weihnachtslied „Ihr Kinderlein, kommet" geschrieben.

▲▼ Am Federsee finden Archäologen die höchste Ausgrabungsdichte in ganz Europa. Normale Besucher wandern auf den Stegen durch das Schilf. Der Federsee ist in seiner heutigen Form durch Trockenlegungen entstanden. Mit viel Geld werden jetzt die ökologischen Sünden der Vergangenheit wettgemacht.

schutzbundes, sei es nun frühmorgens zum Vogelkonzert oder abends zum Sonnenuntergang.

Mitten in der einzigartigen Moorlandschaft steht das architektonisch sehr anspruchsvolle Federseemuseum. Steinzeit zum Anfassen – so lässt sich das Museumskonzept am besten beschreiben. Im Museum selbst sind wertvolle Originalfunde zu sehen, im Freigelände stehen mehrere Häuser und Hütten, die originalgetreu nachgebaut wurden. Die steinzeitlichen Funde rund um die Pfahlbauten in Oberschwaben gehören zum UNESCO-Weltkulturerbe.

Nirgendwo sonst in Europa gibt es so viele bedeutende Funde auf einem Fleck. Damit auch die junge Generation einerseits die Bedeutung der Ausgrabungen erkennt und andererseits mit Spaß und Begeisterung bei der Sache ist, wurde am Federsee vor einigen Jahren ein tolles Konzept umgesetzt: Kinder zeigen Kindern die Schätze der Steinzeit! Die „Archäo-Kids", junge Leute aus der Umgebung, werden erst vom Museumsteam in die Welt der Steinzeit eingeführt und schildern dann jungen Besuchern in ihren Worten und mit viel Anschauungsmaterial, wie die Menschen vor über 3000 Jahren hier gelebt haben. Beispielhaft!

Bad Buchau lag früher direkt am Seeufer. Wegen der fortgeschrittenen Verlandung – übrigens von Menschenhand verursacht – muss man heute schon einen

kleinen Spaziergang zum Federsee machen. Die Stadt ist ein netter Kurort mit zwei sehenswerten Kirchen. In der Stiftskirche befindet sich die Krypta, die wohl älteste Gebetsstätte Oberschwabens. Und in der St. Peter und Paul Kirche in Kappel kann man wunderschöne alte Fresken bestaunen. Ansonsten lässt man sich verwöhnen mit einer Misch-Kur aus Mooranwendungen und Thermalwasser. **Bad Saulgau** ist ein Vorzeigestädtchen in Sachen Ökologie, genauer: in der Sparte Bio-Diversität. Darunter versteht man die Vielfalt heimischer Tier- und Pflanzenwelt in ihrer natürlichen Lebensumwelt. Beim Wettbewerb um den Titel „Bundeshauptstadt der Bio-Diversität" hängte Saulgau hochgehandelte Ökostädte glatt ab und setzte sich in Baden-Württemberg souverän an die Spitze. Alt und Modern verbinden sich gut in der Stadt: Etwa am Schwedenkäppele mit seinem Kruzifix aus dem 12. Jahrhundert und dem modernen Kreuzweg von HAP Grieshaber oder in der Kirche St. Johannes Baptist, wo die „Geißelung Christi" von Otto Dix als Kontrast zur gotischen Bauweise zu bewundern ist.

War es bisher nur schön, so wird es jetzt verschwenderisch opulent. Wir kommen in das barocke Zentrum Oberschwabens rund um **Bad Schussenried**, jener Epoche, in der sich Fürsten und die Kirche gegenseitig mit Prachtbauten übertreffen wollten. Hier liegt auch die angeblich schönste barocke Dorfkirche der Welt, im Stadtteil **Steinhausen**.

In Schussenried besucht man St. Magnus mit dem prachtvollen Chorgestühl, informiert sich im Klostermuseum über Klosterleben und Klosterarchitektur und steht zum Finale staunend vor einem Meisterwerk des Rokoko: Der lichtdurch-

Höhepunkt der barocken Pracht: In Bad Schussenried raubt der monumentale Bibliothekssaal jedem Besuch den Atem. Die Deckenfresken machen den Himmel auf. Alles zum Lobe des Herrn.

Frommes Land, gastliches Land: Die Qualität der Landgasthäuser in Oberschwaben ist legendär – und ebenso der Stolz der Gastgeber. Man zeigt, was man hat, wie hier in Bad Schussenried.

Schussenrieder Radtreff

Sportliche Ausfahrt ins Grüne

Die Gegend um Bad Schussenried ist ideal für Radtouren, entweder gemütlich auf dem Tourenrad oder sportlich auf dem Rennrad. Der Tour de France-Etappensieger Rolf Gölz hat hier das Radfahren gelernt. Beim Rennrad-Treff des örtlichen Radsportvereins führen die Routen durch das schöne Umland, das Tempo wird dem Leistungsvermögen der Radler angepasst. Mehrere Guides begleiten die Gruppen. Mitradeln kann jeder, Treffpunkt ist immer mittwochs an der Schussenrieder Brauerei. Fahrradhelme sind obligatorisch.

Tel.: 07583/5390443

flutete Bibliotheksaal ist ein Höhepunkt oberschwäbischer Barockarchitektur. Die zahllosen Bücherschränke auf zwei Stockwerken sind schon beachtlich, aber die Ausstattung des Saales, des geistigen Mittelpunkts des Prämonstratenser-Klosters, raubt dem Besucher den Atem. Das monumentale Deckenfresko von Franz Georg Hermann ist eine allegorische Hommage an die göttliche Weisheit und an berühmte Wissenschaftler, gleichzeitig aber auch ein Bildspaziergang durch die Kirchengeschichte. Die Skulpturen von Fidelis Sporer ergänzen diese Darstellungen vortrefflich.

Besucher mit Kindern sollten nicht nur staunend durch die Bibliothek wandeln, sondern den Kleinen einige Suchaufgaben stellen. Wo steht die „Türkengruppe"? Wo ist der Ordensgründer Norbert von Xanten verewigt? Die Lösungen findet man mitten in der Bilder- und Skulpturenfülle. So wird der Museumsbesuch zu einer spannenden Schnitzeljagd.

Ein barockes Engelchen ist der Wegbegleiter durch alle Sehenswürdigkeiten entlang der oberschwäbischen Barockstraße. Himmel auf Erden – das ist die

Kutschensammlung

Gulasch aus der Kanone

Franz Mayerföls ist ein oberschwäbisches Original mit einer originellen Leidenschaft. Er sammelt historische Kutschen, die allesamt noch einsatzfähig sind. Bei persönlichen Führungen erläutert er, was es mit der „Gulaschkanone" auf sich hat und warum sich die jungen Adligen früher mit einer Kinderkutsche auf ihre spätere Regentschaft vorbereitet haben. Über 50 Exponate sind im Gewölbekeller des Bräuhauses zu sehen.

Kutschensammlung
88427 Bad Schussenried
Tel.: 07583/3961
www.kutschen-sammlung.de

‣ Angeblich die schönste Dorfkirche der Welt: Steinhausen. Bei der Vielfalt der wunderschönen Barockkirchen in dieser Region gehen die Meinungen aber durchaus auseinander. Steinhausen hat sich zumindest den werbeträchtigen Titel gesichert.

architektonische Botschaft des Barock: Schwelgen in schwingenden Formen, verspielte Kuppeln, Säulen und Giebel, edle Materialien, raffinierte Lichteffekte, verschwenderische Stuckarbeiten und Deckengemälde von schier unglaublicher räumlicher Tiefe. Im frühen 18. Jahrhundert war Oberschwaben eine einzige Baustelle zum Lobe Gottes und zahlreiche Fachleute wurden aus Italien, Vorarlberg und dem Tessin kurzerhand importiert.

Bernhard „Barnie“ Bitterwolf ist ein Tausendsassa, der sich ganz dem oberschwäbischen Barock verschrieben hat. Er kennt sich blendend aus, hier ist „seine“ Heimat und er hat mit Gleichgesinnten das „Oberschwäbische Barockzentrum“ gegründet. Eine Organisation, die den Besuchern die Geschichte Oberschwabens und Geschichten aus Oberschwaben lebhaft nahebringen will. Es ist ein Netzwerk von Oberschwabenkennern und -liebhabern. Sucht man also einen kompetenten Führer, der Legenden plastisch erzählen kann oder der zum Beispiel ein deftiges Räubervesper mitten im Brunnenholzried organisiert, dann ist man bei „Barnie & Co“ goldrichtig.

Vor 90 Jahren wurde das Stückchen Wald zu einem Naturschutzgebiet, damit zählt es zu den ältesten im Südwesten. Der Bannwald wird nicht aufgeforstet, sondern komplett der Natur überlassen. So entsteht im Lauf der Jahre ein regelrechter Urwald, wie er früher üblich war. Das Betreten des Brunnenholzrieds ist auf eigene Gefahr, Spaziergänge sind dennoch möglich, wenn man achtgibt auf eventuell herunterstürzende Äste.

▲ Keine Angst, der will nur spielen! Die Räuberbande im Brunnenholzried kann man buchen, ein lustiges Versteckspiel und ein rustikales Räubervesper sind im Preis inbegriffen.

Ailinger Erlebnismühle

Von echtem Schrot und Korn

1856 übernahm Theodor Ailinger in Bad Schussenried-Reichenbach die dortige Mühle, die sich bis heute in Familienbesitz befindet. Die beiden Schwestern Silke und Evelyn setzen diese Tradition zeitgemäß fort. Die Ailinger Mühle ist zur Schau-Mühle geworden und kann bei geführten Touren besichtigt werden. Im Mühlenladen kann man erstklassige Produkte einkaufen. Wer eine imposante Kulisse für eine Feier sucht, ist bei den Ailinger-Mädels an der oberschwäbischen Mühlenstraße ebenfalls gut aufgehoben.

Talstraße 25
88427 Bad Schussenried-Reichenbach
Tel.: 07583/2256
www.ailinger-muehle.de

Jordanbad

Mit allen Sinnen

Das altehrwürdige Jordanbad in Biberach ist inzwischen zu einer modernen und behaglichen Therme geworden mit Hotel, Praxen und vielen Wellness-Angeboten. Ganz besonders aber ist die „Sinn-Welt" in der von Schwestern betriebenen Anlage. Schwester Yvonne führt durch die Mitmachschau im ehemaligen Ökonomiegebäude. Auf drei Etagen laden 100 Stationen zum spielerischen Entdecken und Experimentieren ein. Ein intensives und überraschendes Erlebnis für Jung und Alt.

Im Jordanbad 3
88400 Biberach an der Riß
Tel.: 07351/343–100
www.jordanbad.de

Markttag in Biberach: Schon im 12. Jahrhundert war Biberach als Marktsiedlung bekannt. Der schöne Wochenmarkt, gut bestückt von den Erzeugern der Region, lädt mittwochs und samstags zum Bummeln, Schwätzen und Kaufen ein.

Spieglein, Spieglein … Dieses kuriose Gefährt ist in der Simultankirche St. Martin unterwegs. Eine schlaue Erfindung, so holt sich kein Besucher beim Bewundern der Deckengemälde einen steifen Hals.

Oberschwaben ist ein ländliches Gebiet, aber die wenigen Städte haben es in sich. Ravensburg ist ein Juwel, **Biberach** an der Deutschen Fachwerkstraße ist nicht minder schmuck und interessant. Die Kreisstadt war immer auch eine Stadt des Handels: Im 17. Jahrhundert gab es über ein Duzend Marktstätten. Der prächtige Marktplatz ist aber die gute Stube der Stadt geblieben, vor allem beim Wochenmarkt am Mittwoch und am Samstag.

Die Kirche St. Martin aus dem 14. Jahrhundert ist ein echtes Unikum: Eine Simultankirche, die seit der Reformation von Katholiken und Protestanten gemeinsam genutzt wird. Damit auch alles seine Ordnung hat, ist eine Stiftung des öffentlichen Rechts Eigentümerin der Kirche. So etwas ist wohl weltweit einzigartig. Übrigens: Es gibt zwei Stromzähler in St. Martin, einen für den evangelischen, einen für den katholischen Gebrauch. Ordnung muss halt sein. Originell ist auch der Spiegelwagen, mit dem Mesner Herbert Wohnhas gelegentlich durch die Kirche kutschiert. Damit soll verhindert werden, dass sich Besucher beim Bewundern der Deckengemälde ein steifes Genick holen.

Was hat Shakespeare ausgerechnet mit Biberach zu tun? Der berühmteste Sohn der Stadt, Christoph Martin Wieland (1733–1813), auch der „deutsche Voltaire“ genannt, hat erstmals Shakespeare ins Deutsche übersetzt. Das Museum im Wieland-Gartenhaus ist immer ab April geöffnet.

Die ehemalige Benediktiner-Reichsabtei bestimmt das Stadtbild von **Ochsenhausen**. Berühmt ist die Orgel in der Klosterkirche. Überhaupt: Musik liegt in Ochsenhausen immer in der Luft, auch dank der Landesakademie für die mu-

▲ Das Neue Rathaus ist ganz schön alt: Im Jahr 1503 zog hier erstmals der Stadtschultheiß ein. In den Arkaden verkauften damals Krämer und Bäcker ihre Waren.

Film- und Kinomuseum

Film ab! In Biberach

Zwei Oscar-Preisträger kommen aus Oberschwaben: Carl Lämmle und Willi Burth. In Biberach hat Adrian, der Sohn des Kino- und Filmpioniers Anton Kutter, mit den Biberacher Filmfestspielen eines der bedeutendsten deutschen Festivals ins Leben gerufen. Klar, dass nur hier der Ort für das Film- und Kinomuseum Baden-Württemberg sein konnte. Ausgestellt werden historische Kino-Apparaturen, aber auch eine tolle Kollektion von Kinoplakaten, Drehbüchern, Fotos und natürlich Filmen.

Kino- und Filmmuseum Biberach
Foyer des Kinocenters Sternenpalast
Waldseer Straße 3, 88400 Biberach
Tel.: 07351/13050
www.film-kinomuseum-bw.de

Das „Öchsle“ faucht durchs Land: Die Schmalspurbahn ist eine der großen Sehenswürdigkeiten Oberschwabens. Es ist einem Verein zu verdanken, dass die Museumsbahn gerettet wurde. Heute sind die Ausfahrten mit dem historischen Dampfzug oft lange im Voraus ausgebucht.

Musik liegt in der Luft – in Ochsenhausen ist die Landesakademie für Musik beheimatet. Kann es eine schönere Kulisse für ein Konzert der jungen Musiker geben?

sizierende Jugend. Die vielen Konzerte der jungen Musiker sind fraglos eine Bereicherung des Kulturlebens in der Stadt. Pflichtstation für Eisenbahnfreunde ist die Öchslebahn, die wunderbar-nostalgische Schmalspurbahn, die von Mai bis Oktober fauchend durch die Landschaft fährt. Und die Waschfrauen von Ochsenhausen zeigen beim Öchsle-Tag und in ihrem kleinen Museum, wie mühsam früher das Waschen und das Seifensieden waren.

Bad Waldsee, Ziel dieser Expedition, liegt eingebettet zwischen zwei idyllischen Seen. In der historischen Innenstadt überragt ausnahmsweise das spätgotische Rathaus den Kirchturm von St. Peter. In Bad Waldsee sind übrigens echte Internet-Stars daheim: Per Webcam werden in der Brutsaison Livebilder vom Storchen-Horst in alle Welt gesendet.

Und von Bad Waldsee aus hat eine unternehmerische Idee ihren Siegeszug angetreten: das Reisen mit dem eigenen Dach auf vier Rädern. 1957 hat Erwin Hymer den Prototyp des Wohnwagens gebaut, drei Jahre später ging das erste Hymermobil in Serienfertigung. Viel Geld hat die Firma am Rand der Stadt in ein supermodernes Museum investiert. Architekt Joachim Liebel hat eine extravagante, 60 Meter lange Ausstellungshalle entworfen, die einen originellen Streifzug durch die Welt des Reisens beinhaltet. Bei den virtuellen Ausflügen in alle Welt entsteht bestimmt die Idee für ihre nächste Expedition in die Heimat.

Alt und neu in Bad Waldsee. Das Rathaus ist ausnahmsweise höher als der höchste Kirchturm. Im Hymer-Museum lässt sich in futuristischer Umgebung ein Bummel durch die Geschichte des Reisens machen.

Klappern gehört in Oberschwaben dazu – der Storch als Symboltier einer Region. In den Zeiten des Internets gehört ein Live-Stream aus dem Storchenhorst zum obligatorischen Fernsehprogramm.

Donau

Im Tal der Mönche

Von Tuttlingen nach Sigmaringen

▲ Weltweit einzigartig: die Donauversickerung bei Tuttlingen – das Flussbett wird zur Spazierzone. Das Wasser der Donau taucht wenige Kilometer südlich im Aachtopf wieder auf.

„Der schwäbische Grand Canyon" – solch eine Beschreibung für das Tal der jungen Donau klingt auf den ersten Blick leicht größenwahnsinnig. Aber vielleicht haben die sparsamen Schwaben ja nur an der Höhe der spektakulären Felsformationen etwas gespart. Denn beeindruckend ist das Donautal allemal: schroffe Felsen, tiefe Abbrüche, markante Aussichtspunktee und ein Flusstal, das wie eine tiefe Wunde im Gestein der Alb klafft.

„Welthauptstadt der Medizintechnik" – ein anderer hochtrabender Werbespruch aus der Region. Dieser aber trifft zu 100 Prozent zu. Rund um Aesculap in **Tuttlingen** ist ein beeindruckendes Netzwerk mit 600 großen und kleinen Spezialfirmen entstanden, das weltweit mit immer neuen Erfindungen in der Medizintechnik für Furore sorgt. Aesculap ist der Branchenführer – und dominiert mit dem mächtigen, alten Hauptgebäude das Tuttlinger Stadtbild, wie es sich für eine solche Firma gehört. Das hypermoderne Aesculapium ist das Pendant aus dem 21. Jahrhundert. Der futuristische Neubau ist aber für Präsentationen und Weiterbildung reserviert. Dafür bietet das Museum der Chirurgie einen leicht gruseligen Spaziergang durch die Welt der Medizin und des medizinischen Fortschritts. Besucher müssen sich aber vorab anmelden.

Vor und nach Tuttlingen ist die Natur der Hauptdarsteller. Und schon wieder ein Superlativ: Die **Donauversickerung** zwischen Immendingen und Möhringen ist ein weltweit einzigartiges Naturphänomen. In den Sommermonaten verschwin-

▼ Weltweit führend: Medizintechnik aus Tuttlingen. Bei Aesculap, dem Branchenführer, kann man die leicht gruselige Geschichte der teilweise brachial wirkenden Operationsbestecke nachempfinden.

det die Donau einfach und hinterlässt ein bis zu drei Kilometer langes, ausgetrocknetes Flussbett. Super für Kinder, die auf diesem Abschnitt schöne Fossilien finden können. Das Wasser verschwindet im kalkreichen Weißjuragestein in einem unerforschten Labyrinth unterirdischer Hohlräume – und das an fast 200 Tagen im Jahr. Im zwölf Kilometer entfernten Aachtopf, der größten Quelle Deutschlands, tritt das Donauwasser wieder zutage. Es fließt von hier zum Einzugsgebiet des Rheins und also nicht – wie der Rest der Donau – ins Schwarze Meer.

Dass sich die Donau trotzdem auf den 2800 Kilometer langen Weg durch zehn Länder machen kann, ist den kleinen Zuflüssen Krähenbach und Elta zu verdanken. Sie verhelfen der trockengefallenen Donau wieder zu neuer Energie. Bei **Mühlheim** ist sie schon wieder kraftstrotzend und bei einer Radtour auf dem vielbefahrenen Donauradweg ist die mittelalterliche Stadt eine gute Adresse für eine Einkehr. Die Oberstadt auf dem Bergsporn mit seinen zwei Schlössern ist einen Abstecher wert.

Das gilt erst recht für eine sagenumwobene Kirchenruine mitten im Wald. Kaum zu fassen, auf dem Welschenberg stand früher mit Maria Hilf eine der bedeutendsten Wallfahrtskirchen Süddeutschlands. Heute zeugen nur noch Ruinen von einer Kirche, die an die 50 Meter lang und 20 Meter breit war. In dieser geheimnisvollen Kulisse sind immer wieder stimmungsvolle Konzerte zu hören. Werner Ulbrich führt Besucher gerne durch die Ruine und kann viele Geschichten aus der großen Vergangenheit der Kirche erzählen.

Einige Kilometer donauabwärts, bei **Fridingen**, versickert ein weiterer Teil der Donau Richtung Aach. Das ist weniger spektakulär als zuvor, dafür aber wird das

◂ Die Ruine Honberg, Überbleibsel einer gewaltigen Festungsanlage, ist heutzutage Schauplatz eines hochkarätigen Festivals mit Pop-Musik und Kabarett.

▴ Wer zur Ruine Maria Hilf pilgern will, braucht gute Kondition und gutes Schuhwerk. Die ehemalige Wallfahrtskirche liegt weit außerhalb von Mühlheim mitten im Wald. Ein wahrlich mystischer Platz.

Naturbühne Fridingen

Dichtung auf der Lichtung

Der gewaltigen Natur gehört im Donautal die Bühne. Aber es ist auch ein Platz frei für Theater inmitten der Natur. Die Naturbühne „Steintäle“ in Fridingen gehört mit ihren 400 Sitzplätzen ohne Überdachung zu den wildromantischen Naturbühnen in Baden-Württemberg. Rund 100 Theaterspieler bringen jährlich ein Erwachsenenstück und ein Kinderstück in der Naturbühne zur Aufführung. Gespielt wird von Anfang Juli bis in den September hinein.

Tel.: 07463/8857
www.steintaele.de

Tal zu einer Sensation. Hier beginnt einer der schönsten Flussabschnitte Deutschlands. Die Donau hat sich einen spektakulären Canyon durch die Alb gegraben. Unzählige Aussichtspunkte wie der Knopfmacherfelsen bieten fantastische Ausblicke und Fotomotive, von denen man sich nur schwer trennen kann. Und schwer fällt auch die Entscheidung, wie man sich jetzt am besten fortbewegt: weiter auf dem Rad, im Kanu oder auf dem Donauberglandweg, einem zertifizierten Premium-Wanderweg, der im Jahr 2013 immerhin zum zweitschönsten deutschen Wanderweg gewählt worden ist.

Nächste Station ist **Beuron**, das Herz des Naturparks Obere Donau – in jeder Hinsicht. Mit dem Kloster, das auf das 11. Jahrhundert zurückgeht und mit vollem Namen Erzabtei St. Martin zu Beuron heißt, liegt hier ein weit über das Donautal hinauswirkendes spirituelles Zentrum. St. Martin wurde 1863 von den Brüdern als Benediktinerkloster neu gegründet und fünf Jahre später zur Abtei erhoben. Bei allem Bekenntnis zur Lebensregel „ora et labora" („Bete und arbeite") ist auch im Donautal die moderne Zeit eingezogen. Tutilo Burger lebt dies beispielhaft vor: Der elfte Erzabt von Beuron ist Diplom-Theologe und Diplom-Betriebswirt

▲ Die Erzabtei St. Martin in Beuron ist der Mittelpunkt der gleichnamigen Kongregation, zu der insgesamt 20 Klöster gehören. Die Benediktinermönche haben die Anlage im Donautal 1863 neu gegründet und dann zur Blüte geführt, spirituell ebenso wie wirtschaftlich.

◥ Die 50 Mönche von Beuron leben nach den Regeln des heiligen Benedikt. Das Beten und Arbeiten bestimmen den Tagesablauf im Kloster. Die Mehrzahl der Mönche sind „Brüder", haben also keine Priesterweihe.

in einer Person – und dazu noch ein leidenschaftlicher Orgelspieler. Das ist auch gut so, denn Beuron ist ein kleines Wirtschaftsunternehmen mit angeschlossenem Kloster oder umgekehrt, wie man will. Dazu gehören ein Kunstverlag, eine Buchhandlung, Gärtnerei, Schnapsbrennerei und sogar ein Kraftwerk. Die 50 gastfreundlichen Mönche freuen sich auch auf Gäste, die nicht nur zu einem Kurzbesuch vorbeischauen, sondern auf Zeit das klösterliche Leben mit ihnen teilen. Es gibt für sie einen eigenen Gästeflügel, in dem die Teilnehmer an den Exerzitien oder den Meditations-Wochenenden untergebracht sind.

Für Besucher, die nur an den weltlichen Reizen des Donautals interessiert sind, ist das „Haus der Natur" die wichtigere Anlaufstelle. Es ist im ehemaligen Bahnhof von Beuron untergebracht. Dies darf durchaus als Aufforderung gesehen werden, das Donautal mit dem Naturpark-Express zu besuchen, der regelmäßig auf der romantischen Bahnstrecke Gammertingen–Sigmaringen–Beuron–Tuttlingen–Immendingen–Blumberg verkehrt. Die Mitarbeiter des Naturschutzzentrums stehen mit Rat und Tat zur Verfügung, etwa Naturschutz-Ranger Markus Ellinger.

Hausen im Tal, größter Ortsteil von Beuron, ist das süddeutsche Zentrum für Sportkletterer geworden. Hier findet die Kette großartiger Felsen mit dem so genannten „Schaufelsen" ihren Höhepunkt. Eine mächtige Wand mit etlichen Zinnen, 120 Meter steil abfallend und damit das größte deutsche Felsmassiv außerhalb der Alpen. Ein Paradies für Sportkletterer, aber auch ein Paradies für viele bedrohte und geschützte Tier- und Pflanzenarten: Alpenbock, Schlingnatter, Wanderfalke oder Luchs, ebenso Steinröschen oder Distel-Sommerwurz. Dabei

Klostermetzgerei Beuron

Feines von Bruder Burchard

„Ora et labora" ist der Wahlspruch der Benediktiner. Dass dabei auch die leiblichen Genüsse nicht ganz zu kurz kommen, dafür sorgt in der Abtei Beuron die Klostermetzgerei. Sie ist zwar mittlerweile an einen Pächter vergeben, aber der klösterliche Metzgermeister Pater Burchard ist immer noch in der Wurstküche und hinter der Theke zu finden. Besonders Wanderer schätzen die Qualität der Waren. Zum Start nimmt man sich einen LKW, also einen Leberkäswecken, und in den Rucksack packt man sich geräucherte Würste oder Dosen mit feinster Wurst. Es gibt sogar einen Lieferservice für die ganze Bundesrepublik.

Klostermetzgerei Beuron
Abteistraße 2
88631 Beuron
Tel.: 07466/1351

steht „Natura 2000“, ein Naturschutzprogramm, gegen das ungezügelte Freizeitvergnügen.
Am Schaufelsen wurde versucht, einen schier unlösbaren Konflikt zu regeln. In einem kontroversen Projekt haben Kletterer und Naturschützer versucht, einen Kompromiss zu finden. Das ist auch weitgehend gelungen. Es gibt ganz gesperrte Kletterrouten, dann auch wieder Touren, die während der Brutzeit gesperrt sind. Wissenschaftler begleiten den Dialog zwischen Sportlern und Ökologen. Ergebnis sind ausgeklügelte Lösungen, welche die Freigabe einzelner ökologisch weniger wertvoller Routen und Felsbereiche im Tausch gegen Sperrung hochwertiger Bereiche ermöglichen. Kletterer und Naturschützer haben einen gemeinsamen Weg gefunden. Gratulation, wirklich vorbildlich!
Wer „nur mal so“ etwas klettern möchte, der sollte sich hüten. Die Felsen des Oberen Donautals sind nur für wirklich geübte Kletterer geeignet. Aber spannend ist es schon, sich auf den markierten Wegen bis zum Fuß der Felsen vorzuwagen und den Climbern bei ihrer Sportart zuzuschauen.
In **Thiergarten** vereinen sich alle Vorzüge des Donautals brennglasartig an einem Ort. Der Fluss, die Felsen, die kleinste dreischiffige Basilika nördlich der Alpen und ein prächtiges Landgasthaus mit schönen Wohnungen und mit exquisiter regionaler Küche. Was für ein Vergnügen, im Biergarten zu sitzen und anderen Urlaubern genüsslich und faul bei ihren Aktivitäten zuzuschauen: Reiten, Radeln, Paddeln, Wandern und Klettern.

St. Georgs-Kapelle Thiergarten

Klein – und sehr fein

Auf dem Gelände des Gutsgasthofs Käppeler in Thiergarten steht die kleinste dreischiffige Basilika nördlich der Alpen. St. Georg wird urkundlich erstmals im Jahr 1275 erwähnt. Das romanische Kleinod ist mehrfach restauriert worden, zuletzt 2013. Immer wieder finden in der Mini-Kirche Messen statt. Einen schöneren Platz für eine Hochzeit gibt es kaum, zumal die Festgesellschaft gleich nebenan bestens verköstigt wird.

Restaurant Gutshof Käppeler
Hofstraße 20, 88631 Beuron
Tel.: 07570/479

So viel Aktivität steckt an. Zeit, den prächtigen Ruinen und Schlössern im Donautal einen Besuch abzustatten. Da gibt es freilich einen Pferdefuß. Ausgerechnet die drei Schlösser, die wie ein Adlerhorst auf den Felsen hocken und einen prächtigen Blick versprechen, also **Gutenstein**, **Werenwag** und **Bronnen**, sind in Privatbesitz und können nicht besichtigt werden. Schade. Eine Wanderung durch den schönen Laubwald hinauf zur Burg **Wildenstein**, am besten an einem milden Herbsttag, wenn morgens noch der Nebel im Tal sitzt und mittags die Blätter im Wald ein Farbfeuerwerk abzünden, ist aber ein adäquater Ersatz. Auf Wildenstein sind eine Jugendherberge und eine einfache Vespermöglichkeit im Burghof eingerichtet.

Wieder unten im Tal widmen wir uns einer bemerkenswerten Frau mit einem bemerkenswerten Namen: Fürstin Amalie Zephyrine, auch „die Retterin Hohenzollerns" genannt. Eine politische Strippenzieherin, die erst spät ihre Liebe zum Donautal entdeckt hat, dort dafür umso markantere Spuren hinterlassen hat. Ihr Ehemann, Anton Aloys von Hohenzollern-Sigmaringen, spielte in ihrem bewegten Leben eine untergeordnete Rolle.

Als die Fürstin 1784 zum ersten Mal aus Paris nach Sigmaringen kam, muss sie wohl ziemlich erschrocken sein; nicht mal ein Jahr später flüchtete sie aus der bedrückenden Enge der Residenzstadt. Ihr umtriebiges Wirken im Hintergrund war umso erfolgreicher. Dank der verwandtschaftlichen Beziehungen zum napoleonischen Hof rettete sie das Fürstentum vor der Eingliederung und bereitete

▲ Die die besondere Herausforderung suchen: Das Donautal ist auch ein Kletterparadies.

◣ Das bunte Donautal. Unten mäandert der Fluss friedlich vor sich hin, drumherum verfärbt sich das Laub. Für viele ist das die stimmungsvollste Jahreszeit im Donautal, ideal zum Wandern.

▼ Schloss Werenwag in Watte verpackt. Die Burganlage aus dem 11. Jahrhundert gehört zum Hause Fürstenberg und ist leider nicht zugänglich. Aber der spektakuläre Anblick entschädigt wenigstens ein wenig.

Zündapp-Museum

Pflichtstation für Motorradfans

Der Sammelleidenschaft von Adolf Mattes ist es zu verdanken, dass Sigmaringen eine ganz besondere Attraktion für Moped- und Motorradfreunde hat – das Zündapp-Museum. Zündapp steht für Zünder-Apparatebau Gesellschaft und war früher eine weitbekannte Firma im fränkischen Nürnberg. Untergebracht in der ehemaligen Abfüllhalle der örtlichen Brauerei Zoller-Hof, sind annähernd 100 Exponate der kultigen Firma zu bewundern, darunter das erste Motorrad aus dem Jahr 1921. Damit ist in Sigmaringen die weltweit größte Sammlung dieser Marke zu sehen.

Leopoldstraße 40
72488 Sigmaringen
Tel.: 01736136277
www.zuendappmuseum.de

den Boden für die Regentschaft ihres Sohnes Karl. Erst 1808 kehrte sie zurück an die Donau, richtete sich in **Inzigkofen** im Landschlösschen ein und gab den Auftrag, einen Landschaftspark nach englischem Vorbild einzurichten. Dieser Park, inzwischen von der Natur in einem romantisch überwucherten Zaubergarten verwandelt, ist das sichtbarste Zeugnis dieser bemerkenswerten Frau. Ein Spaziergang über die Teufelsbrücke, vorbei an Grotten und Aussichtspunkten, ist ein Erlebnis, für das man aber trittfeste Schuhe anhaben sollte. Jede der Sehenswürdigkeiten erzählt eine Geschichte. Übrigens: Der spektakuläre Amalien-Felsen, ein 30 Meter aufragender Felsklotz, ist entgegen der landläufigen Sage nicht der Ort, an dem sich Amalie Zephyrine aus Liebeskummer mit einem Schimmel zu Tode stürzte. Sie starb friedlich im hohen Alter von 81 Jahren in Sigmaringen.
Sigmaringen war mal eine bedeutende Hauptstadt. Jawohl, das kleine Sigmaringen an der Donau mit seinen gerade mal 15 000 Einwohnern! Hier wurde sogar Weltgeschichte geschrieben. Im 16. Jahrhundert machten die Hohenzollern Sigmaringen zur fürstlichen Residenz, ab 1806 war Sigmaringen Hauptstadt des Fürstentums Hohenzollern-Sigmaringen und von Oktober 1944 bis April 1945 war das Städtchen Sitz der französischen Vichy-Regierung unter Marschall Pétain. Vor allem die Zeit zu Beginn des 19. Jahrhunderts hat das Stadtbild beeinflusst. Preußisch geprägte Verwaltungsgebäude dominieren noch heute, man flaniert vorbei an der Hof-Apotheke und am Hof-Theater. Und über allem thront das Schloss, das eindrucksvolle Wahrzeichen von Sigmaringen. Es wurde ursprünglich als Burg erbaut und erhielt seine heutige Form als Residenzschloss erst mit der endgültigen Fertigstellung 1908. Schmuckstück: die größte private Waffensammlung des Kontinents.

Der Sage nach soll sich Amalie Zephyrine von diesem Felsen in die Donau gestürzt haben. In Wirklichkeit starb die Schöpferin des Parks von Inzigkofen friedlich in ihrem Bett.

Lisa-Kristin Näpel ist die jüngste Schlossverwalterin Deutschlands. Sie versucht, mit besonders erlebnisorientierten Schlossführungen frischen Wind in das alte Gemäuer zu bringen. Kammerdiener und Zofen führen durch Küche und Zimmer, Kinder verwandeln sich zu Rittern und Prinzessinnen und suchen das Schlossgespenst. Das ist ganz im Sinne von Karl Friedrich Fürst von Hohenzollern: „Die Türen stehen allen Neugierigen offen“,

Schloss Sigmaringen überragt das alte Residenzstädtchen an der Donau. Die Spuren der Hohenzollern-Herrschaft sind überall in der Stadt zu finden.

sagt der Schlossherr, der als „Charly“ mit seiner Combo „The Jivemates“ auch gelegentlich seine Qualitäten als Musiker unter Beweis stellt. Zum Beispiel im Alten Schlachthof von Sigmaringen, der sich mit seinen neu geschaffenen Ateliers und Veranstaltungsräumen zu einem beachteten Kulturzentrum verwandelt hat.
Mit der kleinen Landesgartenschau 2013 hat es Sigmaringen nun auch geschafft, den Fluss noch enger ins Stadtbild zu integrieren. Die Donau und Sigmaringen gehören einfach zusammen. Und zur Donau gehört mittlerweile auch der Naturpark-Express. Umweltfreundlich geht es im Zug mit dem großen Fahrradabteil zurück nach Tuttlingen.

Das Hoftheater von Sigmaringen ist eine wunderbare Kulisse für Konzerte und Veranstaltungen. Es stammt aus dem Jahr 1826 und diente einst mit seinen 109 Sitzplätzen und 12 Logen für repräsentative Zwecke.

So macht Geschichte Spaß: Diener und Zofe führen durch das Schloss Sigmaringen. Bei der Öffnung des Hauses für Besucher ist das Fürstenhaus durchaus auf der Höhe der Zeit und neuen Ideen gegenüber aufgeschlossen.

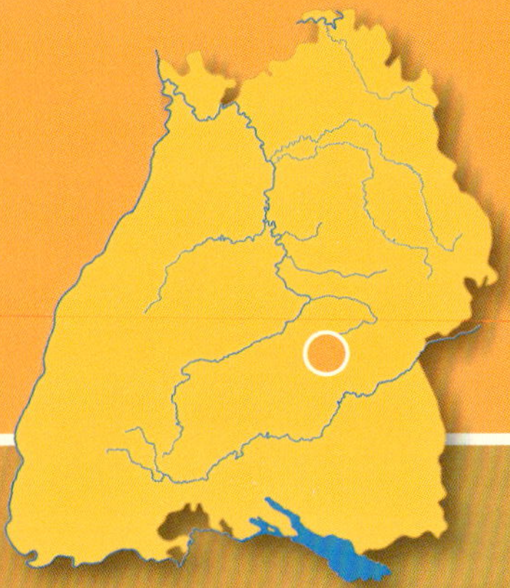

Schwäbische Alb

Die blaue Wand

Von Reutlingen ins Biosphärenzentrum

Wenn jemand von sich sagt, er käme „vo dr Alb ra“, dann wird er schnell gleichgesetzt mit einem wortkargen Dorftrottel. Angeblich ist der Älbler stur, wortkarg, bei der ersten Begegnung etwas schroff und grob. Komisch, dass vor allem an Wochenenden so viele der Spötter „auf d’Alb nuff“ fahren. Das gilt dann als Zeugnis für einen guten Geschmack, was Küche, Geschichte und vor allem Natur betrifft. Die Schwäbische Alb ist Geopark und Biosphärengebiet. Damit ist Sorge dafür getragen, dass diese einzigartige Landschaft auf Dauer unter Schutz steht.
Es sind vor allem die Städter aus dem mittleren Neckarraum, denen sich die Naturlandschaft schon bei der Anreise auf dem Präsentierteller zeigt. Fährt man über die Fildern Richtung Reutlingen, liegt die Alb erhaben da, zieht sich durch das gesamte Blickfeld. „Die blaue Wand“ nennt man das wunderschöne Panorama, das von der Teck über den Hohen-Neuffen bis zum Hohenzollern reicht. „Viel Steine gab’s – und wenig Brot“. Das ist ein anderes geflügeltes Wort über die Schwäbische Alb, das an die Zeiten erinnert, als die Alb ein wirklich karger und ärmlicher Landstrich war, der viele zum Auswandern in die Neue Welt bewogen hat. Diese Zeiten sind lange vorbei, wie unsere Expedition beweisen wird, die durch das Echaztal hinauf auf die Albhochfläche führt.

▲ Logenplatz am Drachen. Der Blick von der Alb ins Vorland gehört zu den schönsten im Land. Und dieser Sportsfreund nimmt den Begriff „Ausflug“ sehr wörtlich.

▶ Die Wilhelmsstraße – das pulsierende Herz Reutlingens. Hier geht man einkaufen, bummeln und einkehren. In der Stadt sind dank der Hochschulen immer viele junge Menschen unterwegs.

▶▶ Die wahrscheinlich längste „Unterhose“ der Welt. Der ungewöhnliche Schönbergturm des Schwäbischen Albvereins oberhalb von Pfullingen trägt zu Recht diesen Spitznamen.

Reutlingen, die ehedem Freie Reichsstadt, ist heute eine moderne Hochschulstadt geworden. Über 5000 Studenten, nach der Ausbildung weltweit gefragte Spezialisten für internationale Wirtschaft oder Textildesign, verleihen der Stadt unter der Achalm ein urbanes, junges Flair. Die Wilhelmstraße ist die Einkaufsmeile für die ganze Region.

Es ist noch gar nicht so lange her, da konnte man in Reutlingen bei einem Blick in die Echaz sagen, welche Farben an diesem Tag in der flussaufwärts liegenden Textilindustrie verarbeitet wurden. Aber das ist Geschichte, wie die Textilindustrie auf der Alb. Heute ist die Echaz ein ganz „normaler" Zufluss des Neckars geworden ist.

Bei **Pfullingen**, der netten Kleinstadt flussaufwärts, besichtigt man natürlich die „Unterhos". Das ist nicht etwa ein Kleidungsstück, sondern ein witziger Aussichtsturm des Albvereins, der auf dem Schönberg oberhalb der Stadt liegt. Der Doppel-Turm hat erst neulich seinen 100. Geburtstag gefeiert. Zum Thema Un-

▲ Reutlingen unter der markanten Achalm ist das Zentrum der Region. Eine Großstadt mit über 100 000 Einwohnern, die aber viele gemütliche Winkel aufzuweisen hat.

Pfullinger Hallen

Kunst im XXL-Format

Dem großzügigen Mäzen Louis Laiblin hat Pfullingen eine besondere Sehenswürdigkeit zu verdanken: die Pfullinger Hallen, ein „Kulturhaus" aus dem Beginn des 20. Jahrhunderts. Architekt Theodor Fischer konzipierte den ungewöhnlichen Mehrzweckbau, der Maler Adolf Hölzl leitete junge Künstler aus dem süddeutschen Raum bei der künstlerischen Ausgestaltung an. Die Hallen, die heute für Konzerte und Veranstaltungen genutzt werden, stehen beispielhaft für den Übergang vom Jugendstil zur Neuen Sachlichkeit.

Klosterstraße 110
72793 Pfullingen
Tel.: 07121/703–207

terhose eine Randnotiz: Bertolt Brecht soll in Pfullingen gezeugt worden sein, seine Eltern lebten kurzfristig in der Echazstadt. „Brecht-made in Pfullingen" lautet denn auch ein frecher Slogan der Stadtwerber.

Weiter geht es nach **Honau**, den Ort, wo sich vor allem Fischliebhaber an fangfrischen Forellen erfreuen, die in der örtlichen Gastronomie als Spezialität aufgetischt werden. Kulturell hat Honau mit dem Hauff-Museum ebenfalls eine kleine Spezialität zu bieten. Früher fuhr vom Bahnhof Honau die steile Zahnradbahn auf die Albhochfläche. Der Verkehr auf dieser Linie wurde 1969 eingestellt, im Zeichen des ökologischen Umdenkens soll die Bahn aber wieder revitalisiert werden. Das wäre ein Segen, denn an Wochenenden quält sich Auto an Auto die Steige hinauf.

Oben auf der Albhochfläche angekommen, steuern die meisten Besucher **Schloss Lichtenstein** an. Herzog Wilhelm nahm sich den Hauff-Roman zum Vorbild für sein „Neuschwanstein" auf der Alb. Ein Besuch auf Lichtenstein ist Pflichtprogramm, ebenso der Abstecher zur **Bärenhöhle**, die überirdisch durch den kleinen Vergnügungspark etwas verrummelt wirkt, unterirdisch aber immer noch die ganze Urwelt-Faszination verströmt. Man fühlt sich an den berühmten Roman „Rulaman" erinnert, der von David Friedrich Weinmann aus dem nahegelegenen Hohenwittlingen verfasst worden ist.

Weiter geht die Fahrt in Richtung **Lautertal**. Der liebliche Fluss mäandert nahezu vorbildhaft durch ein schön geschwungenes Tal in Richtung Donau. Das Flüsschen entspringt im Hof des ehemaligen Frauenklosters in Offenhausen, heute ein wichtiger Stützpunkt des Gestüts Marbach. In der kleinen Gestütskirche ist ein Museum untergebracht, das anschaulich das frühere Klosterleben dokumentiert. Ein Stockwerk ist der Entstehungsgeschichte des Haupt- und Landgestüts und seinen berühmtesten Zuchtpferden gewidmet.

Von **Gomadingen** aus erstreckt sich ein dichtes Wandernetz. Beliebtes Ziel ist der **Sternberg**, die höchste Erhebung der Münsinger Alb. Auf dem breitkuppigen Berg gibt es einen schönen Aussichtsturm, ein Wanderheim und für die Kleinen einen Spielplatz. Der Turm ist knapp 30 Meter hoch und bietet eine tolle Rundumsicht über die Albhochfläche. Das Wanderheim mit 36 Betten und einer gemütlichen Stube wird vom Schwäbischen Albverein betrieben.

„Where are the horses?" Diese Frage von Königin Elisabeth II. anlässlich des Besuchs 1965 ist legendär. Sie wollte nicht Friedrich Schiller in Marbach am Neckar sehen, sondern lieber edle Pferde in Marbach auf der Alb. Hier wäre sie richtig gewesen: im Haupt- und Landgestüt, dem ältesten deutschen Staatsgestüt.

Charakteristische Alblandschaft: Wachholderheide und Kalkfelsen. Oberhalb von Bichishausen im Lautertal können Kletterer am „Spitzen Stein" ihren Sport betreiben.

Wie gemalt: Schloss Lichtenstein ist wohl das am meisten fotografierte Motiv auf der Schwäbischen Alb. Das schwäbische Neuschwanstein liegt oberhalb von Honau direkt am Albtrauf.

▲ „Where are the horses?“ Natürlich im Landgestüt Marbach. Die Araberzucht auf der Schwäbischen Alb ist weltberühmt. Dem ältesten deutschen Staatsgestüt und seiner erfolgreichen Zucht ist es zu verdanken, dass auch bedrohte Pferderassen überleben konnten.

Herzog Christoph (1515–1568) begründete den legendären Ruf **Marbachs**. Das Gestüt ist die Renommieradresse für Pferdezüchter und Reitsportler in ganz Süddeutschland. Weltbekannt ist die Araberzucht auf der Alb, weniger bekannt ist die Tatsache, dass in Marbach die Württemberger Warmblütler und das Schwarzwälder Kaltblut durch erfolgreiche Nachzucht vor dem Aussterben bewahrt wurden.

Es ist eine Freude, den vielen Fohlen beim Auslauf zuzuschauen. Die Pferde werden behutsam angeritten oder eingefahren und auf regelmäßige Leistungsprüfungen vorbereitet. Jährliche Höhepunkte in Marbach sind die Pferdeauktionen und vor allem im Herbst die Hengstparade, eine farbenprächtige Pferdeschau, die Tausende auf die Alb lockt. Mit Astrid von Velsen-Zerweck ist übrigens ein bekennendes Nordlicht Chefin des schwäbischen Gestüts.

Zu Fuß kann man an ruhigen Tagen auf schönen Wegen durch das Gelände des Gestüts streifen. Gerade noch erfreut von den verspielten Fohlen, wird man plötzlich um die Ecke mit dem Grauen der deutschen Geschichte konfrontiert. Im **Jagdschloss Grafeneck** hatten die Nationalsozialisten im Jahr 1940 unter dem Decknamen T4 ein perfides Vernichtungsprogramm inszeniert. Mehr als 10 000 Behinderte fielen dieser organisierten Tötungsmaschine zum Opfer. In Grafeneck ist eine Gedenkstätte zur Erinnerung an diese Menschen eingerichtet worden. Beim Mahnmal sind die Namen aller Opfer, soweit bekannt, hinterlegt. Wer

Qualität von der Alb

Eisiges Vergnügen

Eis ist nicht gleich Eis! Das wissen passionierte Schleckermäuler schon längst. Eine gute Adresse für Kenner ist die Familie Bachmann aus Indelhausen. Seit 2002 stellt sie Speiseeis und Sorbets in allerbester handwerklicher Qualität her. Welch ein Unterschied zum Fabrikeis! Die Zutaten kommen aus der Region, künstliche Zusatzstoffe sind tabu. Das Eis der Bachmanns hat es inzwischen in die gehobene Gastronomie gebracht, kann aber natürlich auch vor Ort in den vielen guten Lokalen verkostet werden.

Ralf & Manuela Bachmann
Mühlstraße 1, 72534 Hayingen-Indelhausen
Tel.: 07386/1461

sich auf einen Besuch vorbereiten will, sollte unbedingt den Roman „Grafeneck“ von Rainer Gross lesen.

„Zurück in die Zukunft“ – so könnten einige der beispielhaften Aktionen auf der Alb überschrieben werden, die nicht mit rückwärtsgewandter Nostalgie zu tun haben, sondern mit der Sorge um Natur und Umwelt und mit der Nutzung der Schätze, welche diese Kulturlandschaft bietet oder früher geboten hat.

Ein Beispiel ist die Renaissance des Albkorns. Die Erzeugergemeinschaft Albkorn besteht seit fast 20 Jahren und ist ein freiwilliger Zusammenschluss. Die Landwirte erzeugen auf 250 Hektar Fläche Roggen, Weizen und Dinkel in integriertem Anbau. Gleichzeitig legen sie ökologisch wertvolle Heckenstreifen an. Das Getreide wird von der Mühle in Buttenhausen im Lautertal verarbeitet und an die angeschlossenen Albkorn-Bäcker geliefert. Sie haben sich verpflichtet, ausschließlich das heimische Qualitätsmehl für ihre Backwaren zu verwenden. Das Modell lohnt sich für alle Seiten. Die Bauern erhalten einen Zuschlag für ihr Ge-

▾ Schafe statt Soldaten. Der ehemalige Truppenübungsplatz bei Münsingen ist das Zentrum des Biosphärengebiets. Hier kann sich die Natur ungestört weiterentwickeln. Die UNESCO hat das Biosphärengebiet unter Schutz gestellt.

Die Hochfläche ist ideales Wandergebiet: Auf der Schwäbischen Alb gibt es über 640 Kilometer bestens präparierte und ausgeschilderte Wege.

Kurioses Feriendomizil

Zu Gast auf der Hopfenburg

Die Hopfenburg in Münsingen ist Bauernhof und mehrfach ausgezeichnete Ferienanlage in einem. Auf 10 Hektar naturnaher Fläche ist ein Campingplatz untergebracht – und es gibt viele ungewöhnliche Übernachtungsmöglichkeiten wie einen Schäferwagen, ein Tipi-Zelt, eine Jurte oder einen Zirkuswagen. Tiere gehören natürlich zur Grundausstattung dieses schönen Familien-Feriendomizils. Und wer es schwäbisch-deftig mag, kommt beim Kabarett-Festival mit regionalen Größen sicher auf seine Kosten.

Hofgut Hopfenburg
Hopfenburg 12
72525 Münsingen
Tel.: 07381/931193–11
www.hofgut-hopfenburg.de

treide, die Mühle macht – auch dank ihres Hofladens – gute Geschäfte und die Backwaren sind über die Grenzen der Alb begehrt.

Auch die Wiederentdeckung der Weinbergschnecke auf der Alb gehört in die Kategorie „Wiederentdeckung“. Bei Familie Goller in **Rietheim** kann man sich den Schneckengarten anschauen. Das klingt auf den ersten Blick etwas seltsam, aber früher war die Schneckenzucht und -vermarktung auf der Schwäbischen Alb ein notwendiger zusätzlicher Erwerbszweig zur nicht gerade ertragreichen Landwirtschaft. Die Albschnecke wird als „Auster der Alb“ vermarktet und ist in guten Restaurants heißbegehrt.

Für **Buttenhausen** sollte man sich Zeit nehmen. Die kleine Gemeinde im Lautertal verfügt über eine reiche Geschichte, die vor allem von der jüdischen Bevölkerung geprägt ist. Fast die Hälfte der Bevölkerung war um die Wende zum 20. Jahrhundert jüdischen Glaubens. Ein historischer Spazierweg führt zu den Geburtshäusern bekannter regionaler Persönlichkeiten, zur Schule, zur ehemaligen Synagoge, vorbei am Museum hin zum jüdischen Friedhof an der Mühlhalde.

In Buttenhausen ist auch eine Gedenkstätte für den bekanntesten Einwohner errichtet: Matthias Erzberger, der Zentrumspolitiker aus der Weimarer Republik, ist in Buttenhausen geboren. Und Gustav Mesmer, der als „Ikarus des Lautertals“ berühmte, schrullige Erfinder abenteuerlicher Flugmaschinen, hat seinen Lebensabend nach 35 Jahren in der Psychiatrie ebenfalls in Buttenhausen verbracht, im örtlichen Altenheim. Das Café Ikarus ist eine Erinnerung an den genialen Mann, der von vielen als verrückt erklärt worden ist, in Wirklichkeit aber ein Visionär war und 1992 auf der EXPO mit seinen Fluggeräten weltweit zur Berühmtheit wurde.

Am Rand der Gemeinde steigt man auch ins Kanu, wenn man auf der Lauter gemächlich unterwegs sein will. Das ist für Familien ein Spaß ohne Reue, denn hier oben achtet man sehr streng auf Naturschutzrichtlinien und Brutzeiten und gibt die Lauter nur dann frei, wenn keine Tiere gestört werden können.

Wer lieber etwas schneller unterwegs ist, sollte den schönen Radweg nehmen, der sich ziemlich eng an der Lauter hält und sich an den schönen Wiesen, dem sachte sich schlängelnden Fluss und den zahlreichen Ruinen erfreuen, die das **Lautertal** zieren. In **Gundelfingen**, der Gemeinde mit dem malerischen Umlaufberg, gibt es eine tolle Gelegenheit zur Rast. Nicht in einem der netten Landgasthöfe, sondern ganz rustikal im Backhaus der Gemeinde: Hier gibt es ab und an leckere Pizza zur Stärkung, bevor man den mühevollen Weg hoch nach Hohen-

Gundelfingen macht, der imposantesten Befestigungsanlage im Lautertal. Das dazugehörige Museum und der Burgladen bieten einen informativen Einblick in das mittelalterliche Leben und in die mühsamen Restaurierungsarbeiten.

Nun bleibt die Qual der Wahl: Entweder dem Lauf der Lauter über Hayingen bis zur Mündung in die Donau bei Obermarchtal folgen, oder aber der Garnisonsstadt Münsingen einen Besuch abstatten. Letzteres ist vor allem für die Menschen interessant, die sich für das Biosphärenreservat interessieren und wissen wollen, was aus einem ehemaligen Truppenübungsplatz geworden ist.

Das **Biosphärengebiet** rund um Münsingen ist ein spannendes Experiment, ein lebendiges Zukunftslabor. Hier wird versucht, Mensch und Natur wirklich miteinander zu versöhnen. Es geht im Kern darum, den Menschen von heute mit seinen Ansprüchen gerecht zu werden und gleichzeitig die natürlichen Lebensgrundlagen für die Zukunft zu erhalten. Das hat die Schwäbische Alb auf die Liste der UNESCO gebracht. Nach anfänglicher Skepsis wollen immer mehr Gemeinden Mitglied in diesem Modellprojekt für nachhaltige Entwicklung werden.

Herzstück des Biosphärengebietes Schwäbische Alb ist der ehemalige **Truppenübungsplatz Münsingen**, ursprünglich 1895 für das XIII. Königlich Württembergische Armeekorps eingerichtet. Durch die intensive militärische Nutzung wurde der Übungsplatz von Siedlungen, Flurbereinigung und intensiver Landwirtschaft verschont. Einzige zivile Nutzer waren die Wanderschäfer. Sie haben dafür gesorgt, dass die für die Alb typische Kulturlandschaft und damit eine einzigartige Vielfalt an einheimischen Tieren und Pflanzen erhalten geblieben ist.

Wacholder-Wanderung

Unterwegs mit dem Schäfer

Wenn sich jemand wirklich auskennt auf der Schwäbischen Alb, dann sind das die Schäfer. Gerhard und Bärbel Stotz sorgen mit ihrem Traditionsberuf nicht nur dafür, dass die Alblandschaft ihre charakteristische Form behält, sondern bieten auch zweistündige Wanderungen durch die typischen Wacholderheiden an. Familie Stotz ist eine der Schäferfamilien, die vom Naturschutzbund mit der Auszeichnung „Schäfer des Jahres“ geehrt wurde. Wer mag, kann im Hofladen der Familie auch Lammfleisch, Wurst und Lammfelle kaufen.

Familie Stotz
Viehweide 2, 72525 Münsingen,
Tel.: 07381/1414

▲ Gruorn war einst ein Dorf mitten im Truppenübungsplatz. Zu dessen Erweiterung musste die Bevölkerung 1939 umgesiedelt werden, zurück blieben Ruinen für den Häuserkampf, die alte Schule und die Kirche St. Stephanus mit dem Friedhof. Immer an Pfingsten treffen sich die ehemaligen Einwohner von Gruorn in ihrer alten Heimat.

▼ Kanufahren auf der Lauter ist ein Vergnügen für die ganze Familie. Auf der Schwäbischen Alb achtet man streng darauf, dass dieses beliebte Freizeitvergnügen nicht mit den Brutzeiten der Wasservögel kollidiert.

Ein gewaltiges Gebiet von über 6500 Hektar als ehemalige Todeszone! Auf dem Gelände sind noch immer viele hochgefährliche Kampfmittel aus der langen Nutzungszeit vorborgen. Prinzipiell eine tickende Zeitbombe. Aber keine Sorge, man kann dem Übungsplatz gefahrlos einen Besuch abstatten, solange man auf den asphaltierten und betonierten Hauptwegen bleibt. Auf dem Gelände kann man beobachten, wie die Natur sich Schritt um Schritt ein Gebiet zurückerobert, auf dem jahrzehntelang Kriegsführung geprobt wurde.

Ein Spaziergang oder eine Radtour auf dem Übungsplatz ist wie ein Abstecher in eine andere, unwirtliche Welt. An Werktagen sind allenfalls Hundebesitzer unterwegs – die Schreie der Dohlen verstärken das fremdartige Gefühl. Höhepunkt ist **Gruorn**, eine kleine Albgemeinde, die wegen der militärischen Nutzung aufgelassen wurde und dann regelrecht als Schießbude gedient hat. Etwa 150 Gebäude standen früher dort, die Einwohner wurden zwangsumgesiedelt. Heute kann man Gruorn wieder besuchen, durch die Ruinen streifen, auf dem Friedhof der kleinen St. Stephanus-Kirche verweilen und sich im ehemaligen Schulhaus über die Geschichte dieses merkwürdigen Platzes informieren. Immer an Pfingsten treffen sich ehemalige Bewohner des Ortes in der alten Heimat. Sie sorgen auch dafür, dass die Überreste der Gemeinde gepflegt werden und halten die Erinnerung an Gruorn wach.

Lohnenswert auch ein Besuch des **Alten Lagers**. Das einzigartige militärische Ensemble wurde 1996 unter Denkmalschutz gestellt. Das Museum im ehemaligen Postgebäude wird von der Traditionsgemeinschaft Münsingen unterhalten. Das Alte Lager kann nur bei Führungen besichtigt werden, auch das kleine Museum. 2010 wurde im Alten Lager das Informationszentrum für das Biosphä-

rengebiet Schwäbische Alb eröffnet. Es ist täglich, außer dienstags geöffnet und eine wirklich gute Anlaufstelle mit didaktisch anschaulich aufbereiteten Informationen.

Zum Abschluss einer abwechslungsreichen Expedition auf diesen Teil der Alb empfiehlt sich die Einkehr in einem der wirklich guten Landgasthöfe, die es hier oben gleich reihenweise gibt. Wie wäre es zum Finale mit einem Schneckensüppchen, natürlich von der Albschnecke, und einem Ochsen-Kotelett mit Bratkartoffeln? Und danach geht es, ob man will oder nicht, für alle irgendwie wieder „vo dr Alb ra“.

▲ Von der malerisch gelegenen Ruine Hundersingen blickt man auf die mäandernde Lauter.

Nostalgische Alb-Fahrt

Mit Volldampf über die Alb

Von Mai bis Oktober gibt es an Wochenenden eine tolle Gelegenheit, die zauberhafte Albhochfläche auf wunderbar nostalgische Weise kennenzulernen. In historischen Dampfzügen oder an Bord eines alten Schienenbusses zuckelt man gemütlich durch die Gegend. Im Winter verkehrt auf der Strecke der Wintermärchen-Express, weitere Themenfahrten stehen ebenfalls auf dem Fahrplan. Wer stilvoll seinen Geburtstag oder die Hochzeit feiern will, kann sich einen der liebevoll restaurierten Züge mieten, samt Personal und Catering mit regionalen Spezialitäten.

Tel.: 07381/921103

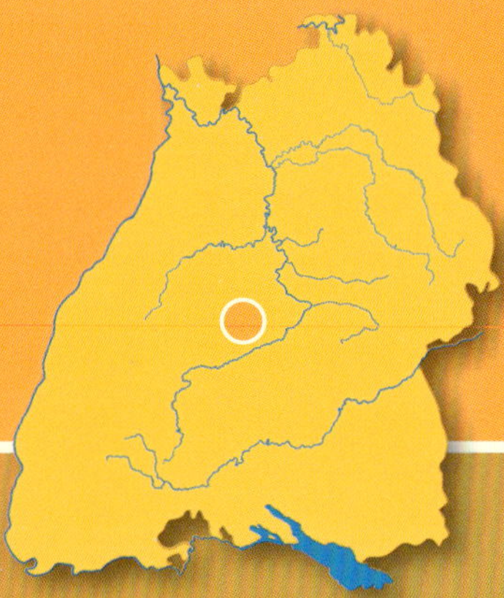

Oberer Neckar

Am Fluss der Schwaben

Von Rottweil nach Tübingen

Er durchschneidet Baden-Württemberg, fließt durch das schwäbische Kernland, er hat Hölderlin ebenso inspiriert wie Sebastian Blau, er ist der Fluss der Schwaben – und dabei hat er nicht einmal eine richtige Quelle.

Der Neckar entspringt nahe Schwenningen, das **Neckarmoos** ist sein Quellgebiet. In dieser urigen Naturlandschaft beginnt die Expedition, die uns flussabwärts durch viele historische Städtchen führt. Im Herbst, wenn die Nebel über der glatten Wasserfläche liegen, ist es etwas unheimlich, ansonsten kann man hier wunderbar spazieren gehen, über Holzbrücken ins Moos hinein, und sein Biologiewissen überprüfen. Das Blesshuhn sollte man in jedem Fall erkennen, bei allem anderen Tieren und Pflanzen helfen die gut gemachten Schautafeln.

Rottweil kann sich selbstbewusst mit Superlativen schmücken. Die älteste Stadt Baden-Württembergs! – das klingt schon mal gut. Und dass Rottweil den schönsten Narrensprung der ganzen Welt haben soll, daran gibt es für überzeugte Traditionsfastnachter sowieso keinen Zweifel. Und vielleicht kommt ja auch noch bald der höchste Turm Deutschlands dazu, wenn sich die Stadtverwaltung gegen die wachsenden Bürgerproteste durchsetzen kann.

Rottweil ist eine traditionsreiche Stadt. Römische Ausgrabungsfunde sind in der gesamten Stadt zu finden, das hölzerne Gründungsdokument datiert aus dem Jahr 186 n.Chr. und ist im Dominikanermuseum ausgestellt. Im detailgetreu gemachten Saline-Museum kann man einen Eindruck davon gewinnen, wie im 19. Jahrhundert Salz gewonenn wurde.

Und im Neckarpark sind noch spannende Spuren des Industriezeitalters zu sehen, als mit Pulver Geld gemacht wurde. Die ehemalige Pulverfabrik von Max

▲ Fasnacht ist in Rottweil nicht einfach nur die fünfte Jahreszeit. Der Narrensprung ist ein archaisches und farbenprächtiges, aber auch streng reglementiertes Spektakel.

Urige Natur

Wandern in der Klamm

Von Epfendorf aus lässt sich eine schöne, wildromantische Wanderung durch die Schlichemklamm unternehmen. Das Nebenflüsschen des Neckars hat sich hier tief in den Muschelkalk eingegraben. Kleinere Wasserfälle, Kaskaden und ein munter murmelnder Fluss geben die Begleitmelodie zu einer etwa vierstündigen Wanderung das Tal hinauf, vorbei an der Burgruine Schenkenberg und zurück nach Epfendorf. Die Schlichemklamm ist übrigens das größte Naturschutzgebiet im Landkreis Rottweil.

Duttenhofer steht unter Ensembleschutz. Der Erfinder des rauchlosen Schießpulvers hatte den bekannten Architekten Paul Bonatz beauftragt, das Kraftwerk im Neckartal zu bauen. Heute finden in dieser tollen Kulisse viele Konzerte und Veranstaltungen statt.

Rottweil ist auch eine kunstsinnige Stadt. Nicht unschuldig daran ist der Bildhauer Erich Hauser (1930–2004). Überall in der Stadt stehen seine Kunstwerke eher beiläufig herum, in den großen europäischen Metropolen sind sie eine Sehenswürdigkeit. Hausers Nachlass kann besichtigt werden – sowohl das exzentrische pyramidenförmige Wohn- und Atelierhaus wie auch der imposante Skulpturengarten.

Noch ein Wort zur Fasnacht. Der Narrensprung ist wirklich eine Sensation. Schlag 8 Uhr am Fasnachts-Montag quellen die Narrenfiguren zu den Klängen des Rottweiler Narrenmarsches durch das Schwarze Tor in die prächtige Hauptstraße und danach zum Schnurren in die vielen Gasthäuser der Stadt. Das sollte man gesehen haben. Zur Not tut es auch die sehenswerte kleine Ausstellung im Narrenstüble des Stadtmuseums. Aber wirklich nur zur Not.

Jetzt ist es Zeit, das Rad zu satteln. In Rottweil beginnt der schönste Teil des Neckartal-Radwegs. Unter der mächtigen Autobahnbrücke hindurch geht es in sanf-

▲ Der berühmte Architekt Paul Bonatz hat für den Industriellen Duttenhofer das Kraftwerk für die Pulverfabrik entworfen.

▼ Auch ohne den Narrensprung ist die Obere Hauptstraße in Rottweil die pittoreske und lebendige Lebensader der ältesten Stadt in Baden-Württemberg.

ten Schwüngen in Richtung Neckarburg. Bei der Domäne Neckarburg kann man eine erste Rast einlegen. Eine Bilderbuchlandschaft, die sich bis Epfendorf hinzieht.

Oberndorf am Neckar hat genau genommen ein Imageproblem. Was früher Wohlstand und Arbeit verschaffte, wird heutzutage schief angeschaut. Die Herstellung von Präzisionswaffen, vor allem aber deren Export auch in Krisenländern, macht negative Schlagzeilen. Zwei andere durchaus positive Markenzeichen sind geblieben: die Oberndorfer Fasnacht mit dem imposanten Narrensprung und der „Schwarzwälder Bote", eine der Traditionszeitungen in Baden-Württemberg. Der „Schwabo" gehört zwar inzwischen zum Stuttgarter Zeitungsimperium, ist aber in vielen der Landgemeinden das meistgelesene Heimatblatt.

Auf dem Neckartal-Radweg geht es gemütlich weiter Richtung Horb am Neckar, eine Genussstrecke, immer entlang des Flusses bis nach **Sulz**. Der Name der Kleinstadt ist eng mit dem Räuber Hannikel verbunden, der hier in der Gegend als eine Art Robin Hood des Neckartals sein Unwesen trieb – und schließlich sein unrühmliches Ende durch den Strang fand. Lukas Hartmann hat ihm mit seinem *Räuberleben* ein literarisches Denkmal gesetzt. Auf Ruine Albeck – von dort hat man einen ausgezeichneten Blick auf die Stadt – spielt die Narrenzunft immer wieder das Leben des Räuberhauptmanns nach.

Von Sulz aus muss man einfach einen Abstecher in den Stadtteil **Glatt** machen, auch das geht per Fahrrad. Glatt hat eines der wenigen noch erhaltenen Wasserschlösser im südwestdeutschen Raum. Ein wahres Prachtstück, wunderschön restauriert und mit neuem Leben versehen. Die Gastronomie im Wasserschlösschen ist legendär, vor allem die selbstgemachten Kuchen. Und die Sammlung an historischen Stücken, die unter anderem Siegfried Esslinger im Lauf der Jahrzehnte zusammengetragen hat, ist einen Abstecher wert.

Wieder zurück am Neckar, empfiehlt es sich, das Fortbewegungsmittel zu wechseln. In **Fischingen** beispielsweise kann man das Kanu besteigen und sich von dort aus herrlich gemächlich den Fluss runtertreiben lassen bis nach Horb am Neckar, dessen mittelalterliche Silhouette den Bootsfahrer schon von Ferne magisch anzieht.

Horb am Neckar, die kleine mittelalterliche Stadt, hat einige bedeutende Söhne hervorgebracht. Zwei von ihnen sind fast in Vergessenheit geraten: Sebastian Lotzer, einer der führenden Köpfe des Bauernaufstandes, und Berthold Auerbach. Mit seinen „Schwarzwälder Dorfgeschichten" und vielen anderen Werken war

◂ Bei der Neckarburg ist das Tal ideal zum Wandern und Radeln. Ein Abstecher sollte in den Sulzer Stadtteil Glatt führen. Das Wasserschloss ist absolut sehenswert.

◂ Die Schokoladenseite der mittelalterlichen Stadt Horb: die Altstadt zieht sich auf dem Bergrücken hoch bis zum Schurkenturm.

Kochen mit TV-Stars

Bruzzeln im Apfelgut

Martina Meuth und Bernd Neuner-Duttenhofer sind absolute Fernsehstars. Bernd, genannt „Moritz", ist der Enkel des Pulverfabrikanten Duttenhofer aus Rottweil. Die beiden Köche haben manchen ambitionierten Hobbykoch zu kulinarischen Höchstleistungen inspiriert. Bei den beiden, die auch als Buchautoren erfolgreich sind, kann man nicht nur im Fernsehen in Pfannen und Töpfe schauen. In Sulz-Hopfau haben beide ein Kochstudio eingerichtet. Die Kochkurse (Übernachtung und Shuttleservice inklusive) sind nichts für jedermann und haben auch ihren Preis. Die Kurse – ob römische Geheimrezepte oder Pariser Bistro-Leckereien – schnell ausgebucht.

Duttenhofer'sches Apfelgut
Gutsverwaltung
Neunthausen 45, 71172 Sulz-Hopfau
Tel.: 07454/9697–98 oder -33,
www.apfelgut.de

Preisgekrönter Biergarten

Zur schönen Aussicht

Der schönste Biergarten Deutschlands liegt nicht irgendwo in Bayern, wie man vermuten dürfte, sondern weit oberhalb des Neckars. Der „Rauschbart", eine traditionsreiche Aussichtsplatte oberhalb von Horb am Neckar, ist im vergangenen Jahr zum „Biergarten des Jahres" gewählt worden. Völlig zu Recht, mag man als Rauschbart-Fan sagen. Schon die „Göggele" von Familie Moser waren so legendär wie der tolle Talblick auf den Neckar und auf Horb, das sich von der Liebfrauenkirche bis zum Schurkenturm auf einem Bergsporn emporzieht. Ein guter Platz für eine Pause auf der Neckarreise.

Aussichtsplatte „Rauschbart"
Parkplatz an der Bundesstraße 14 oberhalb von Horb
Rauschbart 1, 72160 Horb am Neckar
Tel.: 07451/3717
Öffnungszeiten: Mitte März – Ende Oktober
Mo – Fr: 11.00–23.00 Uhr, Sa – So: 10.00–23.00 Uhr

Auerbach zeitweise der populärste Schriftsteller Deutschlands. Erst in den letzten Jahren hat man sich an die beiden erinnert. Nach Lotzer ist ein Platz in der Mitte der Stadt gewidmet, Auerbachs Spuren können in einem kleinen Museum im Nordstetter Schloss nachvollzogen werden. Oder auf dem jüdischen Friedhof, wo sein Grab liegt. Beeindruckende jüdische Friedhöfe gibt es auch in Rexingen und in Mühringen – Zeugnisse, wie bedeutend die jüdischen Gemeinden bis zu Vertreibung und Vernichtung waren.

Etwas außerhalb der Stadt liegt die Eisenbahn-Erlebniswelt. Man muss schon etwas verrückt sein, wenn man mit seinem Privatvermögen für den Kauf alter Eisenbahnen bürgt. Egal, die Besucher können eine schöne Kollektion an bedeutenden Zügen bestaunen, unter anderem einen legendären TEE.

Horb am Neckar ist pures Mittelalter, besonders im Juni; dann gedenkt die Stadt einem historischen Ereignis. Die Maximilian-Ritterspiele erinnern an den Schlichterspruch von Kaiser Maximilian I. im Horber Vertrag aus dem Jahr 1498. Die Ritterspiele locken Zigtausende in die Stadt: Gaukler, Handwerker, Kaufleute, Halunken und edle Rittersleut' finden in Horb die ideale Kulisse für dieses Spektakel.

Auch die „kleine" Gartenschau, das Neckar-Blühen, hat über 300 000 Besucher nach Horb gelockt. Geblieben ist eine Neckar-Partie, die den Horbern endlich den Fluss wiedergibt und erlebbar macht. Viele ältere Einwohner haben im Neckar noch schwimmen gelernt. Heute ist das ehemalige Fluss-Schwimmbad beim Gymnasium eine schöne Erholungsoase mitten in der Stadt. Schwimmen kann man mittlerweile an einigen anderen Orten entlang des Neckars. Natürlich – wie immer – auf eigene Gefahr.

Für das ökologische Gleichgewicht des Neckars sorgen nicht nur die vielen Kläranlagen entlang des Flusses, sondern auch etliche Freiwillige. Die Neckartal-Ranger rund um Harald Dold haben den Flussabschnitt zwischen Sulz und Rottenburg zu „ihrem Ding" gemacht. Sie räumen nicht nur den Zivilisationsmüll weg, bauen Bruthilfen für Eisvögel und bieten geführte Erkundungstouren am

▾ Berthold Auerbach aus Nordstetten war im 19. Jahrhundert der Liebling der literarischen Salons. Im Schloss seiner Heimatgemeinde ist das kleine Museum.

oder auf dem Fluss an. Wer am Neckar entlang radelt oder wandert, kann mit etwas Glück die Ranger bei ihrer segensreichen Arbeit beobachten. Fragen sind gerne erlaubt, dumme Kommentare nicht.

Jetzt heißt es: Kopf einziehen! Wir nähern uns der **Weitenburg**, dem Sitz der Freiherren von Rassler. Das Kopfeinziehen ist nicht auf die Adligen gemünzt, die in der neunten Generation auf der Weitenburg leben und dort in gepflegtem Ambiente Kost und Logis bieten. Im Tal unten kann es eventuell gefährlich werden. Der Radweg führt entlang eines der schönsten Golfplätze Baden-Württembergs. Vom Clubhaus in **Sulzau** aus spielen die Golfer immer wieder quer über den Fluss, an dem der Radweg läuft. Ernsthafte Vorkommnisse zwischen Radlern und Golfern sind aber noch nicht überliefert.

Rottenburg – eine Stadt der Widersprüche. Einerseits Bischofssitz, andererseits Sitz einer Justizvollzugsanstalt am Rande der Innenstadt. Irgendwie geht das in Rottenburg zusammen, Barmherzigkeit soll ja eine urkatholische Tugend sein. Rottenburg ist eine uralte römische Siedlung, die Reste davon kann man im prächtigen Stadtmuseum bewundern. Eine 32 Meter lange, luxuriöse römische Latrine als Sehenswürdigkeit, auch das gibt es nicht überall.

Dom und Diözesanmuseum sind Pflichtprogramm für alle, die sich für Kirchengeschichte und Kirchenpracht interessieren. Wir bleiben lieber am Neckar und bummeln an der Neckarfront entlang. Ein schönes Plätzchen zum Ver-

▲ Die Freiherren von Rassler residieren seit Generationen in der Weitenburg hoch über dem Neckartal.

▼ Mittelalter total in Horb am Neckar: Bei den Maximilian-Ritterspielen drehen die wilden Jungs richtig auf. Beim Rittermahl im Luziferturm geht es deftig-gediegen zu.

▲ Geisterstunde in Rottenburg: Die nächtlichen Stadtführungen verschaffen dem staunenden Publikum die eine oder andere Gänsehaut.

▼ Droben stehet ... natürlich die Wurmlinger Kapelle, ein viel besuchter Aussichtspunkt im Neckartal.

schnaufen, besonders schön ist es hier während des Neckarfestes mit einer tollen Illumination des Flusses.

Darf es nun etwas Spannung sein? Auch das gibt's in Rottenburg. Legendär sind die nächtlichen Führungen von Ernst Heimes durch die Unterwelt der Stadt. Im Schein der Taschenlampe erfährt man Interessantes zum Weinbau in der Stadt, aber auch Schreckliches zur Hexenverfolgung.

„Droben stehet die Kapelle, schaut still ins Tal hinab" – natürlich kennt in Rottenburg fast jeder diese Zeilen des Dichters Ludwig Uhland. Die **Wurmlinger Kapelle**, bezaubernd gelegen auf dem Kapellenberg, ist das Ziel für Sonntagsspaziergänger schlechthin. Der Aufstieg auf 475 Meter Höhe ist etwas schweißtreibend, aber der Kreuzweg soll ja nicht nur zum Vergnügen beschritten werden. Oben bietet sich eine grandiose Rundumsicht ins Ammertal, auf den Neckar und im Hintergrund auf die Schwäbische Alb.

Fehlt in der Perlenkette schöner Städte noch **Tübingen**, die kleine, aber lebhafte Universitätsstadt. Über 27000 Studenten sind an der traditionsreichen Universität eingeschrieben. Das prägt das Stadtbild. In den vergangenen Jahren ist Tübingen zum Mekka für Architekten und Stadtplaner geworden. Das so genannte „Französische Viertel" ist ein europaweit nachgefragtes Vorbild für Konversion, also die Umwandlung von Militärarealen zu zivilen Zwecken. Das Viertel ist jung, viele Familien leben hier in aufregender Architektur zwischen Kita, Kneipe und Kleinhandwerkern.

Die Neckarfront in Tübingen zählt zu den begehrtesten Fotomotiven Baden-Württembergs. Neckarinsel, Hölderlinturm, Wilhelmsstift, Stadtkirche, darüber Schloss Hohentübingen – einfach sagenhaft. Wendet man sich leicht rechts, schraubt sich der Österberg mit den schönen Häusern der Studenten-Verbindungen sanft in die Höhe. Der Marktplatz und der Holzmarkt sind Anziehungspunkte für Flaneure und Kaffeehaushocker, schon gar beim schönen Wochenmarkt oder bei attraktiven Veranstaltungen wie dem jährlich wiederkehrenden umbrisch-provenzalischen Markt.

Einmal jährlich brodelt der Neckar. Dann starten die Tübinger Verbindungen zum witzigen Stocherkahn-Rennen rund um die Neckarinsel. Angefeuert von zehntausenden Schaulustigen stochern die jungen Leute wie um ihr Leben. Die Ehre bleibt dem siegreichen Kahn, für die Verlierer gibt's zur Strafe Lebertran. Die Stocherkähne kann man auch mieten, freilich werden zumindest Grundkenntnisse im Steuern des Gefährts vorausgesetzt. Es ist aber auch möglich, professionell veranstaltete Fahrten zu buchen, entweder ganz rustikal mit Vesper an Bord oder ganz idyllisch mit romantischem Menü.

Wer dem Strom der jungen Leute in Tübingen folgt, landet unweigerlich an der Universität, gegründet 1477. Noch viel, viel älter sind die Miniaturen, die im Schloss ausgestellt sind. Es handelt sich um die ältesten von Menschenhand geschaffenen Kunstwerke, gefunden bei Grabungen auf der Schwäbischen Alb. Tübinger Wissenschaftler haben die kleinen Weltberühmtheiten ans Tageslicht geholt – in der Universitätsstadt haben sie ihren würdigen Platz gefunden.

Studenten- Kneipe

Debatten im Boulanger

Studentenkneipen gibt es natürlich auch in Tübingen. Eine der traditionsreichsten ist der „Boulanger" in der Collegiumgasse unterhalb des Marktplatzes. Eine leicht rauchgeschwängerte Gaststube, in der legendäre politische Debatten geführt worden sind und heute von nostalgisch anmutenden Altlinken immer noch geführt werden. Die Bierauswahl ist gut, die Whiskey-Karte noch besser. Ein guter Platz, um sich auf einen Bummel durch die Altstadt einzustimmen.

Boulanger
Collegiumgasse 2, 72070 Tübingen,
Tel.: 07071/23345

Ein Tübinger Klassiker ist die Stocherkahn-Partie vor der Neckarfront.

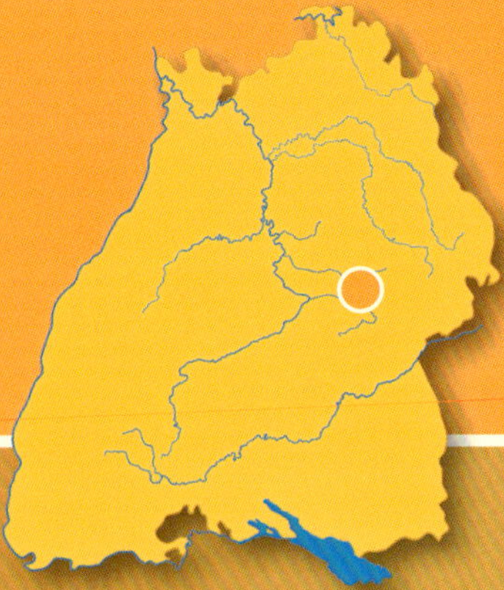

Neckar/Fils

Stolze Städter

Von Esslingen nach Geislingen

Kolonialwaren
STADTINFORMATION
Reisemarkt Henning

▲ Weinberge zu Fuß der Burg. Ein Esslinger Weingärtner soll übrigens das Vorbild für den „Kenner-Kopf" gewesen sein, die Symbolfigur der Württemberger Genossenschaftsweine.

„In Stuttgart schafft man, in Esslingen lebt man" – so selbstbewusst kann nur ein ehemaliger freier Reichsstädter daherreden. Die Zwieblinger, so der Spitzname der Einwohner, sind in der Tat sehr davon überzeugt, dass ihnen die nahe Landeshauptstadt in Sachen Lebensqualität das Wasser nicht reichen kann.
Wasser ist das Erste, was der Besucher in **Esslingen** wahrnimmt, wenn er es endlich mal schafft, den Blick von den Fachwerk-Prachtbauten zu nehmen. Der Neckar hat die Stadt in seine Umklammerung genommen. Er fließt einerseits an der Stadt vorbei, in Kanalform aber auch mitten durch die Stadt hindurch. Das schafft einen wunderbaren Reiz, auch wenn der Vergleich mit Venedig dann doch leicht übertrieben ist.
Warum also nicht die Stadt vom Boot aus kennenlernen? Das Touristenbüro Esslingen organisiert solche Exkursionen auf dem Neckar, wenn gewünscht gleich mit einem richtig rustikalen Vesper. Schwimmen sollte man aber schon können, es geht auch durch kleinere Wehre und über Stromschnellen.
Stadtführungen aus ungewöhnlicher Perspektive sind überhaupt eine Esslinger Spezialität: 41 verschiedene Themenführungen sind im Angebot, Esslingen besser oder mal ganz anders kennenzulernen. Das klingt rekordverdächtig. Wie wär's mit einem Spaziergang durch die Unterwelt? Man entdeckt dabei den Was-

serspeicher unter der Burg, historische Keller, die Ausgrabungen unter St. Dionys und das ehemalige Beinhaus. Für Technikfans ist diese Führung ratsam: Das Astrolabium, das einen Blick ins Universum erlaubt, ist ebenso im Alten Rathaus zu finden wie Deutschlands älteste noch funktionierende schmiedeeiserne Turmuhr mit astronomischem Getriebe.

Vor einem Bummel durch die märchenhafte Altstadt sollte man sich stärken: mit einem Gläschen Sekt aus der ältesten deutschen Sektkellerei. Bei „Sekt in the City“ im Kesslerschen Innenhof kommt der Kreislauf garantiert auf Touren. Dann geht es los. Vom Rathaus durch die älteste Fachwerkzeile Deutschlands zum Hafenmarkt – der Name leitet sich von Kochtöpfen ab und hat nichts mit einer seemännischen Vergangenheit zu tun – und weiter durch die Maille zur Inneren Brücke, die einen besonders schönen Anblick bietet. In zehn Bögen überspannt sie den innerstädtischen Park und die zwei Neckarkanäle. In den

▾ Esslinger Leben: Relaxen im Merkelschen Jugendstilbad, Flanieren in den Altstadtgassen, Paddeln auf den Kanälen und Einkaufen in den Ding-Dong-Läden, den inhabergeführten Fachgeschäften.

The Ladies Diner

Im Stil der 50er

Wenn zwei couragierte Frauen sogar das Interesse des Film-Giganten Paramount wecken, dann muss etwas im Busch sein. Tatsache ist, dass die Firma aus den USA dem neugegründeten Diner im amerikanischen Stil aus Urhebergründen den ursprünglichen Namen wieder abspenstig machte. Jennifer und Nicole aber ließen sich nicht unterkriegen, freuten sich über das unerwartete Medienecho und betreiben voller Leidenschaft ihr nostalgisches Restaurant im Stil der 50er im Esslinger Vorort Zell. Der Slogan der beiden Ladies ist absolut zutreffend: „It feels like home".

Alleenstraße 29, 73730 Esslingen am Neckar
Tel.: 0711/35 84 09 00, www.theladies.de

Brückenhäuschen sind ein Café, ein Tabakladen und ein Tee-Fachgeschäft untergebracht, irgendwie erinnert die Szenerie an die weltberühmte Alte Brücke in Florenz oder die Krämerbrücke in Erfurt. Die renommierte Esslinger Landesbühne nutzt diese Szenerie gerne für ihre Open-Air-Aufführungen.

Spätestens jetzt wird jedem auswärtigen Besucher auffallen, wie viele kleine Fachgeschäfte es in Esslingen gibt. Viele davon sind noch inhabergeführt und gehören zu keiner der weltweit operierenden Ketten. Warum sie scherzhaft „Ding-Dong-Läden" genannt werden, hört man spätestens beim Betreten. Der persönliche Service und das weitgespannte Sortiment ist auch der Grund, warum viele Stuttgarter gerne und lieber in Esslingen einkaufen als in den großen Konsumtempeln der Landeshauptstadt. Die Drogerie Langbein beispielsweise, das Fachgeschäft für Bürsten, Pinsel und Rasierbedarf, hat 200 Jahre auf dem Buckel, bei Haaga gibt es seit 100 Jahren feinste Schokolade und Pralinen. Persönliche Beratung gibt es ohne Aufpreis.

Schafft man es dann noch, die Beutau zu besichtigen, das idyllische, ehemalige Viertel der Weingärtner und Handwerker mit den engen Sträßchen, und ist durch die pittoreske Webergasse gebummelt, dann landet man wieder auf dem schönen, weiten Marktplatz, auf dem auch das legendäre Zwiebelfest gefeiert wird. Überhaupt: Einkehren kann man in Esslingen vortrefflich, es ist wirklich eine gastfreundliche Stadt, in der gerne Küche und Keller geöffnet werden.

Esslingen ist der ideale Ausgangspunkt für einen Ausflug hinauf auf den angrenzenden **Schurwald**. Zunächst wandert man noch auf dem Höhenweg entlang, genießt den tollen Blick auf die alte Stadt und lauscht vielleicht einem Jazz-

◂ Keine Fata Morgana: Der Reinhold-Maier-Turm sieht aus wie ein Leuchtturm an der Nordseeküste, dient aber der Wasserversorgung auf dem Schurwald.

▸ Einkaufen mit Flair – regionale Produkte auf dem Esslinger Wochenmarkt.

Frühschoppen am Dulk-Häusle, das nach dem rebellischen Schriftsteller und Sozialdemokraten Albert Dulk (1819–1884) benannt ist.
Der Schurwald ist ein Höhenzug, der sich zwischen dem Neckar- und dem Remstal entlangzieht und für die Esslinger ein ideales Erholungsgebiet vor der Haustür darstellt. Schöne Spazierwege und Wanderstrecken laden zum Ausflug ein. Mit etwas Glück kann man im **Nassachtal** einmal im Jahr ein traditionelles Handwerk bewundern. Familie Hess, die letzte Köhlerfamilie der Gegend, nimmt dann eine Woche lang ihren Kohlenmeiler in Betrieb und stellt aus Buchenholz Holzkohle her.
Aichwald ist, ebenfalls einmal im Jahr, Treffpunkt für Motorsportfans. Das internationale Moto-Cross-Rennen hat einen ausgezeichneten Ruf und ist ein Spektakel für alle, die heulende Motoren, wagemutige Sprünge und heiße Positionskämpfe hautnah miterleben wollen. Lärmempfindlich darf man dabei aber nicht sein.
Weiter geht es auf dem so genannten Königssträssle, einer Panoramastrecke auf dem Schurwald. Hier wird es jetzt wirklich kurios: ein grün-weiß gestreifter Leuchtturm mitten im Schwäbischen? Unglaublich, aber echt! Der Reinhold-Maier-Turm hat eine Höhe von 25 Metern, die Aussichtsplattform befindet sich in 20 Metern Höhe. Benannt wurde der Turm nach dem ersten Ministerpräsi-

Goldgelb-Festival

Woodstock auf dem Schurwald

Ein ganzes Dorf packt mit an und feiert dann ein kleines Woodstock auf dem Schurwald. Das Goldgelb-Festival in Aichwald-Krummhardt ist eines der originellsten Festivals im ganzen Land. Nicht unbedingt wegen der regionalen Bands, die hier auftreten, sondern wegen des Schauplatzes. Mitten in einem Sonnenblumenfeld wird eine große Musikarena angelegt, zwischen den Blumen liegen die Versorgungsstände für Getränke und Speisen. Eine tolle Idee, die alle zwei Jahre umgesetzt wird und nur deshalb funktioniert, weil das ganze Dorf, von ganz Jung bis ganz Alt, mit großer Begeisterung bei der Sache ist. Das nächste Festival findet 2015 statt.

denten von Baden-Württemberg, Reinhold-Maier, der aus Schorndorf stammte und auf dem Königssträssle gerne spazieren ging, um den Kopf frei für das politische Tagesgeschäft zu haben.

Der Turm hatte die Aufgabe, die Druckschwankungen im Fernwassernetz auszugleichen. Die Bürger wehrten sich vor wenigen Jahren vehement gegen seinen Abriss und sammelten reichlich Spenden. Jetzt, als grün-weißer Aussichtsturm mit einem herrlichen Blick in die Landkreise Ostalb, Göppingen und Rems-Murr, ist er das neue-alte Wahrzeichen von **Börtlingen**. Wagemutige können sich vom Turm abseilen lassen – und ganz Wagemutige können hier oben sogar heiraten. Der Blick zu den Kaiserbergen und ins nahe **Filstal** sollte Motivation genug sein, dorthin die Expedition zu verlängern. Aber Vorsicht: Das Filstal ist eine gefährliche Ecke. Mindestens 13 Morde sind hier schon geschehen, an Orten, die solche Namen wie Himmelsfelsen oder Mordloch tragen. Natürlich nur literarisch. Der erfolgreiche Krimiautor Manfred Bomm bietet mit seinen schaurigen Geschichten eine ungewöhnliche Einstimmung auf das Filstal, das als Industrieschneise im Stuttgarter Speckgürtel einen schlechten Ruf hat, der durch nichts gerechtfertigt ist. Wer sich abseits der Bundestraße bewegt, erlebt eine schöne Landschaft, geprägt von Streuobstwiesen, netten Städten und gepflegten Heilbädern.

Göppingen ist die Metropole im Tal, die Heimat der Märklin-Eisenbahnen und von „Frisch Auf Göppingen", dem

▲ Klein und sehr fein: Eisenbahn-Raritäten von Märklin können im neuen Museum der Traditionsfirma bewundert werden.

◣ Hannibal war garantiert nicht im Filstal. Der Elefant ist aber das Wappentier der Helfensteiner, deren Stammburg oberhalb von Geislingen liegt.

Galerie Immig

Lieder und Bilder

Harald Immig ist ein Multitalent, bekannt vor allem als Sänger, Songwriter und Autor. Und ein bekennender Hohenstaufener. Er lebt seit vielen Jahren in einem wunderschönen Haus mit Bauerngarten in der kleinen Gemeinde. In seiner Galerie kann die eher unbekannte Seite des Künstlers bestaunt werden: Seine Landschaftsaquarelle haben zwei Themen – schöne Landschaften in ganz Europa und vor allem und immer wieder die Kaiserberge. In der Galerie können auch Gedichtbände, Kalender und CDs von Harald Immig erworben werden.

Kaiserbergsteige 15, 73037 Göppingen
Tel.: 07165/570
www.harald-immig.de

Handball-Traditionsverein, der mit Größen wie Bernhard Kempa und Horst Singer Sportgeschichte geschrieben hat. Noch mehr Fans als die Sportler haben aber die Mini-Eisenbahnen. Das Märklin-Museum ist für Väter und Söhne ein wahrhaftiges Paradies. Seit über 100 Jahren kann man die Schätze des Unternehmens im Museum bewundern, früher im legendären „Musterzimmer", heute auf über 1000 Quadratmeter Ausstellungsfläche. Praktisch, dass in einem Shop nebenan gleich die neuesten Modelle erworben werden können.

Das Thema Einkaufen ist auch bei einem anderen Traditionsunternehmen im Filstal immer aktuell. Die Württembergische Metallwaren Fabrik in **Geislingen** ist ohne die „Fischhalle" nicht denkbar. Hier wird seit Generationen günstig eingekauft: Alles, was für den Haushalt notwendig ist, als Sonderangebot oder zweite Wahl. Heute ist rund um die Fischhalle ein regelrechtes Outlet-Center entstanden. WMF ist auch im Besitz eines besonderen Schatzes: Die „Paradiestür", eine sechs Meter hohe Nachbildung der bekannten Bronzetür am Baptisterium in Florenz, kann auf dem Werksgelände täglich kostenlos besichtigt werden. Das Replikat der Arbeit von Lorenzo Ghiberti wurde von der WMF 1911 hergestellt.

Ein letzter Abstecher in die Industriegeschichte: zur historischen Arbeitersiedlung in **Kuchen.** Das Ensemble am Rande der Gemeinde war schon bei seiner Einweihung im 19. Jahrhundert ein leuchtendes Beispiel – und ist es bis heute. Der

▲ Tür zum Paradies: Bei der WMF ist dieses Replikat gestrandet. Es kann auf dem Werksgelände besichtigt werden.

▼ Beispielhaft: Die Arbeitersiedlung am Rande von Kuchen ist ein Musterbeispiel für Sozialarchitektur zu Beginn der Industrialisierung. Das Ensemble ist komplett erhalten und vollständig bewohnt.

▲ Die Kaiserberge, hier der Hohenstaufen, prägen die Landschaft des Filstales. Die Zeugenberge der Schwäbischen Alb gelten als die Heimat der Staufer.

▸ Filstäler Genüsse: In den Kurbädern Ditzenbach und Überkingen verwöhnt man den Körper, beim Destillateur Geiger in Schlat eher den Gaumen.

Fabrikant Arnold Straub wurde dafür bei der Weltausstellung in Paris 1867 als Ritter in die Ehrenlegion aufgenommen und mit einer Goldmedaille ausgezeichnet. Das Prinzip des Baumwollfabrikanten war ebenso simpel wie genial. Um gute Arbeiter für seine Spinnerei zu gewinnen und auf Dauer zu motivieren, baute er eine Siedlung, die für damalige Zeit geradezu luxuriös ausgestattet war: mit Wasch- und Badehaus, Schule, Kaufladen, Spital und natürlich mit Wohnhäusern, die an den Schweizer Landhausstil und an britische Architektur erinnern. Der Gemeinde und dem Land ist es zu verdanken, dass die komplette Siedlung erhalten geblieben und wieder belebt ist. Nach einem geführten Rundgang durch die Anlage kann man sich im zur Siedlung gehörigen Gasthaus stärken. Zeit, sich jetzt der Natur zuzuwenden: Der **Hohenstaufen** ist das markante Wahrzeichen des Filstals und Sitz der Stammburg des Staufergeschlechts. Zum Gedenken an die mächtige Herrscherfamilie wurde eine Stele errichtet, so wie an allen herausragenden Punkten der staufischen Geschichte. Zusammen mit dem Stuifen und dem Rechberg bildet der Hohenstaufen das Trio der Kaiserberge. Streuobstwiesen und Weiden prägen über weite Teile die Ränder des Filstales. In **Schlat** kann man einen Menschen besuchen, der sich fast vergessenen Obstsorten verschrieben hat. Die Champagner-Bratbirne, beziehungsweise der daraus hergestellte Schaumwein, ist das wohl bekannteste Produkt von Jörg Gei-

ger. Aber auch seine hochprozentigen Destillate etwa aus rotem Berlepsch, Wildkirsche oder Gewürzluike haben es im Wortsinn in sich. In Geigers Manufaktur sind Kenner zu einer Verkostung der hochwertigen und hochprozentigen Köstlichkeiten willkommen.
Das Goisatäle, also das Tal der Ziegen, ist die Heimat und Lebensaufgabe von Guido Jakob. Er ist der Initiator der Weidegemeinschaft, die das obere Filstal bewirtschaftet und mit ihren Ziegen und Schafen wertvolle ökologische Arbeit verrichtet. Als lebende Rasenmäher sorgen die Tiere dafür, dass die typische Landschaft erhalten bleibt. Besonders die Ziegen sind dafür geeignet, denn anders als Schafe haben sie auf den Steilflächen weniger Balance-Probleme und sie verputzen mit großer Leidenschaft auch stachelige Sträucher und Büsche, die von Schafen verschmäht werden.
Bestechend schlau ist das Weidemanagement: Die Ziegen sind für den Verbiss der Büsche zuständig, die Schafe weiden auf den Freiflächen. Wo und wie lange die Tiere weiden, ist genau festgelegt und mit den Belangen des Naturschutzes abgestimmt. Guido Jakob hat für seine Arbeit und sein Engagement schon den Kulturlandschaftspreis gewonnen. Aus dem Nebenerwerb ist längst ein Hauptberuf geworden, zu dem die eigene Metzgerei gehört. Im Hofladen kann man sich mit Lammfleisch, aber auch mit Spezialitäten wie Ziegensalami eindecken.
Zum Schluss der Expedition flussaufwärts ist Labsal für Körper und Geist angesagt. Im Oberlauf der Fils liegen mit **Bad Ditzenbach** und **Bad Überkingen** zwei renommierte Heilbäder. Es ist ein Vergnügen, durch den Kurpark zu wandeln, sich in den Saunen zu entspannen und zum Beispiel immer am ersten Donnerstag im Monat bis 23 Uhr unter dem Sternenhimmel zu baden und sich an der Wasser-Bar mit Cocktails verwöhnen zu lassen. Vielleicht eine gute Gelegenheit, schon die nächste Expedition in die Heimat zu planen.

Kloster Ave Maria

Wallfahrt auf heißen Öfen

Ave Maria ist ein hübsch gelegenes Kapuzinerkloster oberhalb von Deggingen. Ein kleines Schatzkästchen mit einem prächtigen Hochaltar und einem beeindruckenden Gnadenbild aus dem 15. Jahrhundert. Ave Maria ist seit Jahrhunderten ein beliebter Wallfahrts- und Besinnungsort. Besonders gut frequentiert sind die Straße zum Kloster und das Kloster selbst bei der Motorrad-Wallfahrt, die zu Beginn der Saison viele hundert Kerls im Lederkombi auf schweren Maschinen hierherlockt. Natürlich werden Fahrer und Maschinen bei dieser Wallfahrt gesegnet, auf dass die Fahrt immer unfallfrei bleibt.

Pater Felix Kraus
Tel.: 07334/96160

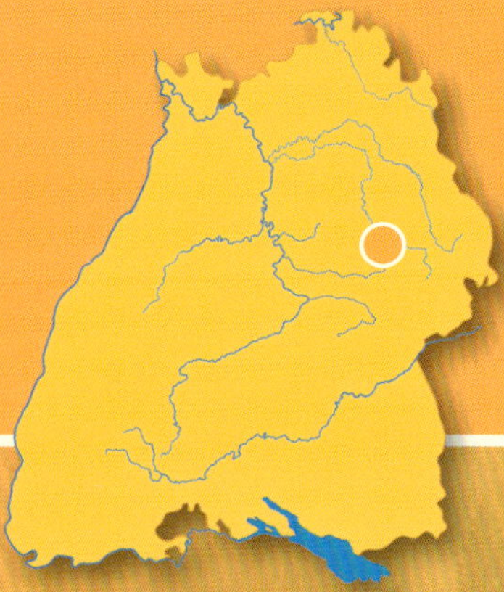

Remstal/
Ostalb

Das Herz Württembergs

Von Lorch nach Bartholomä

▲ Staufische Pracht: Fenster-Detail im Kloster Lorch. Der Zauber des Mittelalters ist hier spürbar.

▼ Der Weinbau hat im Vorderen Remstal Tradition. Die hiesigen Genossenschaften und Privatweingüter werden regelmäßig mit Preisen bedacht.

Wenn vom Remstal die Rede ist, dann wird die Wortwahl schon mal etwas schwülstiger: „Württembergs Wiege" oder „Das verwunschene Land der Staufer" heißt es dann. Viel griffiger ist der örtliche Tourismus-Slogan: „Komma – Gugga – Schmecka", also: Kommen, Staunen und Genießen. Ein wunderbarer Dreiklang, der sich entlang des zauberhaften Neckar-Zuflusses perfekt umsetzen lässt.
Wir beginnen unsere Expedition mitten im Remstal, haben also die legendären Weinberge und die Stauferstadt Waiblingen schon hinter uns gelassen. Der Waldsee bei **Plüderhausen** ist ein guter Startpunkt, hier lässt sich nach einem erfrischenden Bad im Naturbadesee die Route planen.
Lorch ist die erste Gemeinde im Ostalbkreis und bildet einen furiosen Auftakt für eine erlebnisreiche Reise, die gegen Ende auf die Höhen der Ostalb klettert. Lorch ist ein gemütliches Kleinstädtchen und sogar für Remstäler Verhältnisse überreich mit Geschichte und Geschichten gesegnet. Friedrich Schiller lernte hier lesen und schreiben, Eduard Mörike lebte hier einige Jahre. Und überall spürbar: die Staufer.
Einem Mann hat es dieses Herrschergeschlecht besonders angetan. Hans Kloss hat im erhabenen Kloster Lorch ein phänomenales Rundgemälde geschaffen, das die Geschichte der Herrscherdynastie auf 30 laufenden Metern darstellt und

auch mit aktuellen Bezügen nicht spart. Jeder, der die aufwändigen Arbeiten unterstützt hat, sieht sich im Historiengemälde verewigt. Hans Kloss ist ein rastloser Künstler; das nächste Monumentalgemälde ist in Arbeit, natürlich wieder mit einem staufischen Thema.

Das Kloster Lorch liegt dominierend über der Stadt; heute ist darin ein Seniorenheim mit einem netten, öffentlichen Café untergebracht. Sehenswert sind der historische Kloster-Kräutergarten, die erhaltenen Wirtschaftsgebäude und vor allem die Klosterkirche aus dem frühen 12. Jahrhundert.

Die eindrucksvolle Kirche ist ein Monument der staufischen Herrschaft, hier steht die Staufer-Tumba im Mittelschiff und hier liegt die Grabstätte von Irene

▲ Ein Mann und seine Berufung: Hans Kloss hat im Kloster Lorch ein monumentales Rundgemälde geschaffen, das die Geschichte des Geschlechtes auch ironisch beleuchtet.

Renntage in Lorch

Ja, wo laufen sie denn?

Renntage in Lorch? Ja, die gibt es tatsächlich, auch wenn man wagemutige Damenhüte und verbissene Pferdewetter vermissen dürfte. Lorch ist nicht Iffezheim, hat aber seine eigene Rennbahn – für Windhunde. Sie liegt etwa 400 Meter außerhalb von Lorch in Richtung Gmünd. Renntage finden mehrmals im Jahr statt, auch beim Training kann gekiebitzt werden. Es ist ein Spaß für Groß und Klein, den flinken Hunden bei der Hatz nach dem falschen Hasen zuzuschauen – und die schönen Tiere anschließend streicheln zu dürfen.

WRV Staufen
Rainer Ehmann, 73547 Lorch
Tel.: 07172/8800, www.wrv-staufen.de

▲ Die Falknerei ist seit einigen Jahren beim Kloster Lorch wieder heimisch geworden. Die Flugschau ist eine Attraktion für junge und ältere Besucher.

von Byzanz. Die Schwiegertochter Barbarossas ist die wohl bekannteste und bis heute verehrte Stauferin, zu ihren Ehren gibt es immer wieder Sonderführungen. Lesungen, Konzerte und der Staufermarkt bringen regelmäßig Leben in das historische Gemäuer, das als geschlossenes Ensemble bezaubert.

Anmutige Tiere spielen in der Staufer-Falknerei Lorch von Gunter Pelz eine dominierende Rolle. Pelz als Nachfolger eines Stauferkaisers? Irgendwie schon. Könnte es einen besseren Platz für die luftigen Kapriolen von Falken, Adlern und Geiern geben als hier im Remstal? Hier, wo die Staufer sich anschickten zu einem der mächtigsten Herrscherhäuser Europas zu werden und wohin die Spuren des letzten bedeutenden Stauferkaisers, Friedrich II. zurückreichen, dieses belesenen und kultivierten Herrschers, der mit seinem Buch über die Jagd mit Falken einen Meilenstein verfasste, stark geprägt von arabischen Einflüssen. Die Vorführungen der Falknerei sind jedenfalls Höhepunkt eines jeden Spaziergangs von Lorch den Klosterberg hinauf.

Dort oben gibt es in der Tat viel zu staunen und zu gucken. Innerhalb weniger Meter durchschreitet der Spaziergänger die römische und die staufische Geschichte.

Der Limes macht oberhalb von Lorch seinen berühmten Knick, wendet sich, schnurstracks vom Main kommend, schlagartig um 90 Grad nach Osten Richtung Donau. Hier steht ein renovierter Wachturm, der eine blendende Aussicht auf das Tal und die Kaiserberge ermöglicht. Immer wieder veranstalten die Limes Cicerones aus dem nahen Welzheim oberhalb von Lorch römische Spektakel mit

Wildromantisch

Wanderung zur Schelmenklinge

Vom Parkplatz an der Götzenmühle bei Lorch startet man zu einem schönen Spaziergang in eine spektakuläre Naturschönheit: die Schelmenklinge. Die Sandsteinschlucht ist schon alleine sehenswert, für Familien aber birgt sie noch ein besonderes Highlight. Kleine, selbstgebastelte Wasserspiele verzücken große wie kleine Spaziergänger. Annähernd 30 dieser Wasserspiele säumen den Weg und werden vom Bach angetrieben. Ein schöner Spaziergang, der in weiten Teilen sogar für Familien mit Kleinkindern und Kinderwagen geeignet ist.

Start am Parkplatz Götzenklinge

Aufmarsch der Limes Cicerones: Oberhalb des Remstals macht der Limes seinen markanten Knick in Richtung Donau.

Aufmärschen, Kampfgetümmel und römischen Delikatessen. Absolut sehenswert und sehr lehrreich.

Ist man schon mal auf der Höhe über Lorch, empfiehlt es sich, das Remstal über den Höhenweg weiter zu erkunden. Er führt von Fellbach bis zur Quelle bei Essingen und wieder zurück, man kann links oder rechts der Rems wandern, insgesamt über 220 Kilometer feine Wege durch eine beeindruckende Landschaft: Weinberge, Streuobstwiesen, nette Dörfer und lebendige historische Städte. Für die Etappe von Lorch nach Schwäbisch Gmünd sollten man den Wanderweg ab dem Waldcafé Muckensee nehmen, von dieser Seite aus hat man den prächtigsten Blick auf Lorch und das Kloster.

Schwäbisch Gmünd ist Mittelpunkt des Remstals – und wichtigste staufische Stadt im Südwesten. Eine Stadt, von der nicht wenige sagen, sie sei eine der schönsten in Baden-Württemberg. Es ist schwierig, wirklich Gegenargumente zu finden, denn auch die bisher prekäre Verkehrssituation hat sich durch den Umgehungstunnel deutlich entschärft. Gmünd ist jung und alt zugleich. Jung und lebendig durch die Hochschüler, die hier studieren, zum Beispiel an der Pädagogischen Hochschule oder an der Hochschule für Gestaltung, die bekannt ist für Schmuckdesign. Alt und voller Historie durch die vielen prächtigen und gut erhaltenen Bauwerke, die die mächtige Position der Stadt durch die Jahrhunderte gut dokumentieren.

Das geschlossene Ensemble der Altstadt verführt regelrecht zu einem Spaziergang, besonders an Markttagen, wenn überwiegend Obst und Gemüse gehan-

Oberhalb von Gmünd

Wallfahrt zu St. Salvator

Direkt hinter dem Gmünder Bahnhof beginnt ein ungewöhnlich schöner Kreuzweg mit Bildstöcken und kleinen Kapellen mit markanten Kuppeldächern. Lebensgroße Figuren bilden das Leiden Christi nach. Ziel der Wallfahrer und Wanderer ist die Kapelle St. Salvator, geschaffen zu Beginn des 17. Jahrhunderts. St. Salvator besteht aus zwei Kapellen, die auf vorhandene Höhlen gebaut wurden. Der Aufstieg wird belohnt durch eine fabelhafte Sicht auf die Stadt.

Dem Himmel so nah: Die Johanneskirche ist ein beeindruckendes romanisches Gotteshaus, für viele das schönste im ganzen Südwesten. Der Glockenturm misst 48 Meter.

delt wird, das im Remstal, dem Früchtekorb des Landes, wächst. Und am Marktplatz laden gemütliche Straßencafés zum Verweilen und Genießen ein.

Zeit jetzt, sich der Kultur zuzuwenden. Und die sollte angesichts des Überangebots gut dosiert werden. Der Prediger, das ehemalige Kloster, beherbergt eine der ältesten Kunstsammlungen Baden-Württembergs. Kostbare Schenkungen, zum Beispiel vom Fabrikanten Julius Erhard, bilden den beachtlichen Grundstock der Sammlung. Sehr aussagekräftig vertreten ist, typisch für Gmünd, Gold und Silberschmuck sowie sakrale Kunst. Die Mittelalter-Abteilung beherbergt zwei Kostbarkeiten: Das „Schweißtuch der Heiligen Veronika", wahrscheinlich aus dem Jahr 1419, und „Jesus auf dem Palmesel", eine hölzerne Figurengruppe, die europaweit als Rarität gilt. Und weiter geht's im Reigen hochkarätiger Kunstwerke: Der opulente Kirchenschatz des Gmünder Münsters beeindruckt durch seine unglaubliche Bandbreite von der Gotik bis ins 20. Jahrhundert. Diese Schätze stammen aus dem Heilig-Kreuz-Münster, der ältesten gotischen Hallenkirche in Süddeutschland, ein Werk, das die Handschrift der berühmten Baumeister-Familie Parler trägt.

Noch ein Juwel: die Johanneskirche, eine spätromanische Pfeilerbasilika aus dem 13. Jahrhundert. Man muss sich viel Zeit nehmen, um die vielen allegorischen Plastiken aus der Tier- und Pflanzenwelt alle zu entdecken. Seit einigen Jahren ist es wieder möglich, den Turm der Johanneskirche zu besteigen. Keine Sorge, er ist zwar auch etwas schief, neigt sich etwa einen Meter zur Seite, aber kein Vergleich zum Turm von Pisa. Es waren Gmünder Bürger, die mit der Aktion „stair-

way to heaven“ in Anlehnung an den Song der Gruppe Led Zeppelin Geld für die 164 Stufen gesammelt haben. Seitdem kann der Turm wieder bestiegen werden, über eben diese Treppe zum Himmel.

Bleibt noch, sozusagen als Krönung aus dem Industriezeitalter, die Ott-Pausersche Fabrik. Offiziell heißt sie „Silberwaren- und Bijouteriemuseum Ott-Pausersche Fabrik“, der sperrige Name mindert nicht den Genuss eines Besuches, denn es ist eine kleine Kostbarkeit, um die Gmünd bundesweit beneidet wird. Als wäre die Zeit stehengeblieben, als hätten die Graveure und Silberschmiede gerade ihr Werkzeug niedergelegt und die Beschäftigten im Büro ihre Arbeitskarte abgestempelt.

Ein lebendiges und authentisches Museum, das dem Besucher den Atem stocken lässt, Spinnweben inklusive. Alle Maschinen sind noch betriebsbereit – am spannendsten ist es, bei einer Führung mit ehemaligen Mitarbeitern dabei sein zu können. Sie zeigen immer am ersten Sonntag im Monat, dass sie nichts von ihrer Fingerfertigkeit verlernt haben. Für Kinder ist diese Führung eine Zeitreise in eine Epoche, die sie nur aus Filmen kennen dürften. Eine hübsche Idee ist es, hier einen unterhaltsamen und lehrreichen Kindergeburtstag zu feiern. Auch das ist möglich in der ehemaligen Fabrik, die 1979 stillgelegt wurde.

Ebenfalls lehrreich: ein Besuch im Kräutergarten von Weleda. Das Unternehmen für Naturkosmetik hat seinen

▲ Ein lebendiges Museum: In der Ott-Pauserschen Silberwarenfabrik scheint die Zeit stehen geblieben. Es ist eines der bemerkenswertesten Museen Baden-Württembergs.

▼ Das Innere der Johanneskirche wurde mehrfach dem Zeitgeist angepasst – zuletzt im 19. Jahrhundert.

Sitz in Schwäbisch Gmünd und interessierte Besucher sind im Kräutergarten gern gesehen. Hier kann man sehen und vor allem riechen, was später in Tuben und Döschen mit biologisch-dynamischem Anspruch landet. Lavendel oder Rosenduft mag man noch auf Anhieb erschnüffeln, bei über 200 verschiedenen Pflanzenarten auf 20 Hektar fällt die Orientierung dann doch etwas schwerer. Seit Neuestem hat die Stadt noch eine ungewöhnliche Attraktion: das „Bud Spencer Bad“. Der ungewöhnliche Name hat einen Hintergrund. Bud Spencer, der dicke Haudrauf-Westerndarsteller, war schon mehrfach in Schwäbisch Gmünd. In seinem Leben vor der Schauspielerei war Spencer unter seinem bürgerlichen Namen Carlo Pedersoli ein ausgezeichneter Schwimmer. Beim Länderkampf gegen Italien verblüffte er in Gmünd die Zuschauer als ranker und schlanker Rekordschwimmer. Ihm zu Ehren – und natürlich auch als Werbegag für die Stadt – wurde das Freibad im Schießtal umbenannt. Die Filmlegende war zur Namensverleihung natürlich höchstpersönlich in Gmünd. Den neuen Tunnel der Stadtumgehung auch nach ihm zu benennen, war den Stadtoberen übrigens dann doch eine Spur zu schräg.

▲ Bei Weleda kann man auf den Feldern im Kräutergarten das erschnüffeln, was später als Salbe und Creme über den Ladentisch geht.

Delikates Darunter: das Miederwarenmuseum in Heubach bietet einen Streifzug durch die Geschichte der Damenunterwäsche.

Wenn es aber um die Staufer geht, dann sind sich die Gmünder doch einig. Zum Stadtjubiläum 2012 wurde die Staufersaga aufgeführt – und über 1000 Helfer und Mitwirkende waren mit dabei als Schneider, Darsteller, Kostümbildner, Fahnenschwinger oder Schwertkämpfer. Eine ganze Stadt lebt ihre Geschichte. Der Verein ist über das Jubiläum hinaus aktiv geblieben und wird hoffentlich weiter von sich reden machen.

Hochkarätige Kulturveranstaltungen gehören in Schwäbisch Gmünd zur Tagesordnung: das Festival der Kirchenmusik, ein Schattentheaterfestival von europäischem Ruf – und natürlich Guggenmusik, wenn man das Getöse der närrischen Blechbands auch unter Kultur abbuchen will. 2014, zur Landesgartenschau, wird Gmünd ganz sicher auch deshalb von Besuchern regelrecht gestürmt werden.

Geschichte der anderen Art: **Mutlangen**, der Ort oberhalb von Gmünd, war jahrelang in der ganzen Welt ein Begriff. Hier hatte die US Armee Pershing 2 Raketen stationiert, die in den Focus von Atomwaffen-Gegnern gerückt waren. Zu den Blockaden von Mitlangen reisten prominente Intellektuelle an, ebenso wie die gesamte Weltpresse. 1990 wurden die Raketen abtransportiert und verschrottet. Heute erinnert ein Geschichtspfad an diese für die Menschheit dramatischen Jahre und Bunker, deren Reste noch stehen. Drumherum geht's heute wirklich friedlich zu – auf der Mutlanger Heide ist ein florierender Gewerbepark entstanden.

Von Gmünd aus geht die Reise jetzt gemächlich hoch auf die Alb. Erste Station ist das malerische **Heubach**. Von hier kommen nicht nur die landesweit bekann-

Mit der imposanten Staufer-Saga hat die Stadt Schwäbisch Gmünd dem Herrschergeschlecht zum Jubiläumsjahr eine farbenprächtige Referenz erwiesen.

ten Komödianten der Kleinen Tierschau, von hier kommt auch traditionsreiche Damenunterwäsche. Triumph, der namhafte Hersteller von Büstenhaltern, stammt aus Heubach. Das Miedermuseum ermöglicht einen Spaziergang durch eine delikate Modegeschichte, interessant übrigens auch für jüngere Frauen, die dabei anschaulich sehen, womit sich ihre Großmütter herumplagen mussten. Und wie es früher in der Schule zuging, lässt sich gleich nebenan im netten Schulmuseum nachvollziehen. Das originalgetreu erhaltene Klassenzimmer ist eine Leihgabe aus Schwäbisch Gmünd und ein geeignetes Studienobjekt für Schüler und Lehrer, besonders bei den liebevoll gemachten Führungen. Im Schloss sind übrigens auch noch die Stadtbibliothek und das Heimatmuseum untergebracht.

Ein Spaziergang durch Wiesen und Wälder führt zur Ruine Rosenstein. Vom Bergsporn aus bietet sich nochmal ein spektakulärer Blick aus fast 700 Metern über Heubach hinunter ins Tal, bevor wir unser Etappenziel, **Bartholomä** auf der Alb,

▼ Prächtige Aussicht von Ruine Rosenstein auf Heubach, den Albtrauf und hinunter ins Remstal

erreichen. Oben angekommen, sind passionierte Wanderer nicht mehr zu bremsen. Das Wental mit seinem bizarren Felsenmeer ist eines der schönsten Wanderziele der gesamten Schwäbischen Alb. Durch das Wental ist vor Millionen von Jahren ein Fluss geflossen und hat das Tal geformt. Der Fluss ist längst versickert, geblieben sind spektakuläre Gesteinsformationen und etwa 30 markante Felsen. Folgt man dem ehemaligen Flussverlauf, wartet hinter jeder Biegung ein neuer, überraschender An- und Ausblick. Besonders schützenswert sind Fauna und Flora des Trockentales. Über 400 Pflanzenarten sind in diesem Naturschutzgebiet heimisch. Der Naturfreund wird bei seiner Wanderung natürlich auf das Kleinod Obacht geben und sich stattdessen eher an den schaurigen Geschichten erfreuen, die über die einzelnen Felsnadeln erzählt werden. Bekannt ist vor allem das „Wentalweible", deren Geist in der Dämmerung durch das Tal spuken soll, als ewige Strafe für Wuchergeschäfte in den Hungerjahren. Sie soll sich aus Scham für ihre Untaten von diesem Felsen gestürzt haben und seitdem durch das Tal spuken.

Solche Gruselgeschichten verkürzen für Kinder die Rundwanderung, die etwa dreieinhalb Stunden dauert. Auch in bitterkalten Wintern ist das Wental ein großartiges Ziel für eine ungewöhnliche Schneewanderung: Dann überziehen Eiszapfen die Felsen und machen die Kulisse noch einzigartiger.

▲ Das Wental auf der Albhochfläche ist zu jeder Jahreszeit einen Ausflug wert. Ob zu Fuß oder per Rad – der Slalomkurs durch die markanten Felsen im Trockental ist genauso spannend wie die entsprechenden Geschichten zu den Felsen.

Für Wagemutige

Bike the rock

Angefangen hatte alles als Hobbyrennen für enthusiastische Mountainbiker – daraus entstanden ist eines der anspruchsvollsten und populärsten Rennen weltweit. „Bike the rock" nennt sich die Veranstaltung in Heubach, die von bis zu 10 000 Zuschauern besucht wird. Der Internationale Fahrradverband hat der Heubacher Veranstaltung einen besonderen Ehrenstatus verliehen. Dies und das hohe Preisgeld locken die besten Fahrradartisten an den Albtrauf. Schön, dass die Veranstalter bei allem ihre Wurzeln nicht vergessen haben. Neben den Profis dürfen bei gesonderten Rennen auch Hobbysportler an den Start gehen und das Rahmenprogramm auch für Familien kann sich sehen lassen.

www.biketherock.de

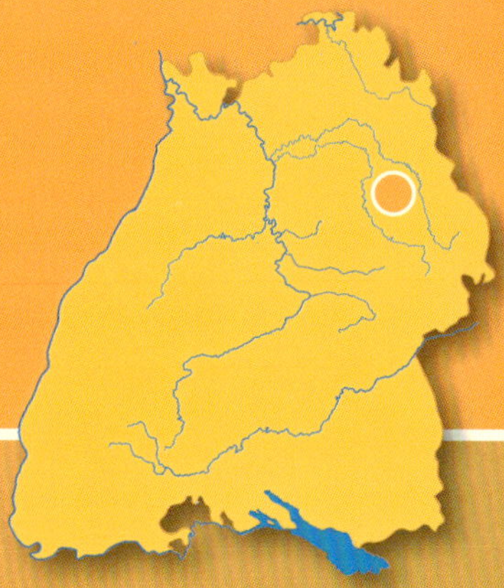

Hohenlohe

Zwei auf einen Streich

Von Schwäbisch Hall nach Kirchberg

In Hohenlohe liegt der Hund begraben, sagen jene, die weit weg davon wohnen. Hier steppt der Bär, meinen jene, die in der nordwürttembergischen Landschaft wohnen und arbeiten. Und die Einheimischen haben die besseren Argumente: Hohenlohe ist in! Ein Öko-Musterland, dazu Firmen mit Weltruf und eine Landschaft, dass einem die Augen übergehen. Hohenlohe ist Slow Food und Hightech in einem, besinnt sich auf seine Tradition und blickt zugleich mutig nach vorne. Am intensivsten lernt man große Teile von Hohenlohe kennen, wenn man den Flüssen Jagst und Kocher folgt, die sich fast parallel durch die Landschaft schlängeln. Beide haben drei Dinge gemeinsam: Sie durchfließen schöne Naturräume und pittoreske Städte und beide münden quasi als Nachbarn in den Neckar. Mitte der 1990er-Jahre wurde hier eine fast logische Idee in die Tat umgesetzt: Das Radwegnetz beider Flüsse wurde miteinander verbunden. Seitdem ist der Radweg Kocher-Jagst eine der beliebtesten Genussstrecken für Pedaleure.
Wer das komplette Programm auf dem Drahtesel machen will, braucht etwas Kondition und Zeit. Für die 330 Kilometer von Aalen entlang dem Kocher bis zur Mündung und dann die Jagst wieder zurück sollte man schon fünf Tage einplanen, es sei denn, man nimmt eine der Abkürzungen. Wir entscheiden uns bei der Expedition für eine abgespeckte Variante, die uns trotzdem alle Highlights entlang der beiden Flüsse bietet.

▲ Die Kocherpartie ist die Zuckerseite der Salzsiederstadt: Im Fluss spiegelt sich die Fachwerkpracht wieder, am Ufer lässt es sich prächtig flanieren.

▶ Farbenprächtig und lehrreich: Beim Kuchen- und Salzsiederfest wird deutlich, womit der Wohlstand Halls begründet wurde.

Start ist in **Schwäbisch Hall**, die traditionsreiche Schönheit am Kocher. Hall – eine Lage wie gemalt, ein einzigartiges Stadtensemble am Fluss und an der Kocherinsel, reiche Geschichte und ein schier unerschöpfliches Kulturleben, das in Städten dieser Größenordnung seinesgleichen sucht.
Wenn die Zunft der Salzsieder beim Kuchen- und Brunnenfest aufmarschiert, dann bekommt man eine Ahnung davon, wie lange Hall schon zu den bedeutenden Städten des Südwestens zählt. Die Salzsieder haben die Stadt reich gemacht – und das feiern sie ausgelassen, mit Umzügen und Darbietungen überall in der Stadt. Dieses bunte Fest, seit dem 14. Jahrhundert überliefert, ist ein guter Einstieg, will man die Besonderheiten Halls kennenlernen. Es findet jährlich Ende Mai oder Anfang Juni statt.
Kunst ist eine andere Besonderheit der Kreisstadt. Nehmen wir das Theater. Auf der Treppe vor Sankt Michael finden jedes Jahr die Freilichtspiele statt. Traditionsreiches Theater, Musicals und Stücke für die jüngsten Besucher stehen auf dem Programm. Der Marktplatz alleine ist die malerische Kulisse. Wenn die Theaterleute spielen, wird die kleine Stadt allabendlich überschwemmt von Theaterfreunden aus dem ganzen süddeutschen Raum. Auch der kleine Ableger der Freilichtspiele, das Globe-Theater auf der Kocherinsel, hat sich im Lauf der Jahre seinen Freundeskreis erobert.
Und dann noch die Familie Würth. Was für eine schicksalshafte Fügung, dass sich der König der Schrauben ausgerechnet in Hall verguckt und der Kocher-Stadt kurzerhand ein formidables Kunstmuseum von internationalem Niveau geschenkt hat. Nicht nur das Museum, in dem großartige Werke von Munch, Hockney, Baselitz, Niki de Saint Phalle oder die Schätze der Sammlung in schöner Regel-

▲ Kunst hat einen Namen: Der Mäzen Reinhold Würth hat Schwäbisch Hall Werke mit Weltniveau überlassen.

▲ Kolossale Kulisse: Die Treppen von St. Michael sind wahrscheinlich die schönste Bühne für Theater und Musical in ganz Deutschland.

▼ Der Marktplatz mit dem Markbrunnen ist unbestritten der Mittelpunkt der Stadt und idealer Startplatz für lohnende Spaziergänge.

mäßigkeit gezeigt werden, sondern gleich einen ganzen Museumshügel, gekrönt vom ehemaligen Brauhaus der Löwenbrauerei, heute ein renommiertes Restaurant. Und weil das alles noch nicht gereicht hat, befindet sich als Leihgabe in den Mauern der Stadt noch die weltberühmte Schutzmantelmadonna. Das großartige Werk von Hans Holbein dem Jüngeren ist neben vielen anderen süddeutschen Meisterwerken in der Johanniterkirche zu bewundern. Und das – kaum zu fassen – bei freiem Eintritt!

Wer glaubt, dass angesichts dieser Juwelen das restliche Kulturleben in der Stadt dramatisch abfällt, hat sich getäuscht. Schwäbisch Hall lebt, swingt, vibriert, etwa beim internationalen Jazzfestival, bei der langen Nacht der Kunst oder beim Karneval nach venezianischer Art. Auch die Nischen sind in dieser Stadt gut besetzt – kleine Galerien, kuriose Sammlungen wie im Feuerwehrmuseum oder die lustig-verrückten Guckkasten-Automaten von Bernhard Deutsch runden ein vielfältig-buntes Stadtleben ab, das weit über Hohenlohe hinaus strahlt.

Urbanes Stadtleben hier – bäuerlicher Alltag nur wenige Kilometer entfernt. Leben auf dem Lande anno dazumal ist für viele Großstadtkinder heute ein Buch mit sieben Siegeln. Gut, dass es Freilandmuseen wie in **Wackershofen** gibt. Das Ensemble aus über 50 landwirtschaftlichen Häusern und Gehöften ist immer einen Besuch wert, besonders dann, wenn Thementage oder Feste gefeiert werden. Wenn die Handwerker wieder aktiv werden, wenn das Backhaus angeheizt

So wie früher: Im Freiluftmuseum Wackershofen wird die bäuerliche Tradition Hohenlohes in Ehren gehalten. Das Museumsdorf lädt immer wieder zu Thementagen ein.

wird, wenn zugeschaut und mitgemacht werden darf und wenn auch die typischen Tiere wie das schwäbisch-hällische Landschwein die Ställe bevölkern, dann ist das Museumsdorf einen Ausflug und das alte Dorfgasthaus Roter Ochsen einen Besuch wert.

Künzelsau ist die Kreisstadt im Hohenlohekreis. Die Einwohner von „Ki-au“, so das gängige Kürzel, sind laut einer Selbstbeschreibung „bodenständig, solide und fleißig. Sie gelten aber auch als stur, schlitzohrig und mitunter ein wenig eigenbrötlerisch. Sie sind freundlich, ehrgeizig und offen für die Welt.“ Machen Sie sich selbst ein Bild davon, denn in Künzelsau und drumherum gibt es nicht nur die Menschen zu entdecken, sondern auch einige Superlative. In jedem Fall ist es so, dass der Landkreis für sich in Anspruch nimmt, die prozentual höchste Zahl an Weltmarktführern in verschiedenen Wirtschaftsbranchen zu beheimaten. Und wieder stolpert man auch in Künzelsau zwangsläufig über den Mäzen Reinhold Würth. Kein Wunder, sein Imperium hat seinen Hauptsitz im Stadtteil **Gaisbach**. Das dortige Museum, eingebettet in das Firmengelände, zeigt einerseits das eigentliche Metier der Würths, nämlich Schrauben und Gewinde, und andererseits als Kontrast eine hochkarätige Sammlung für moderne Kunst.

Mustang ist das Unternehmen, das die ersten Jeans in Europa herstellte. Zum Jubiläum vor einigen Jahren hat in der ehemaligen Villa der Gründer ein Museum eröffnet, das die Geschichte der Firma und das Lebensgefühl, das sich mit

Blue Jeans verbindet, dokumentiert. Berufsbekleidung und Militär-Drilliche waren der Ausgangspunkt dieser fast amerikanisch wirkenden Erfolgsstory. Nach dem Krieg wurden die ersten blauen Arbeiterhosen, die Jeans, erstmals in Künzelsau hergestellt.

Heiner Sefranek war lange Chef bei Mustang, ist passionierter Motorradfahrer und Theaterfan. Klar, dass er mit seinem guten Namen als 1. Vorsitzender für ein ungewöhnliches Theater steht – das „Theater im Fluss", genauer im Flussfreibad. 2011 als Experiment gestartet, hat sich das „Theater im Fluss" längst etabliert und zieht Theaterfreunde auch aus der Ferne an. Die Kulisse ist auch wirklich ein Traum – und die Stücke sind anspruchsvoll, werden als Stationen-Theater inszeniert, das Publikum ist also ständig unterwegs.

Der Fluss als sensationelle Theaterkulisse – der Fluss als alltäglicher Freudenspender, zumindest im Sommer. Das einzige offizielle Flussfreibad in Baden-Württemberg ist seit vielen Jahren ein Geheimtipp und wegen des modernisierten Planschbeckens auch für Familien mit kleinen Kindern gut geeignet. In den letzten Jahren wurde das Gelände modernisiert, eine sandige Bucht und ein zeitgemäßes Beachvolleyball-Feld, ein Kiosk und ein Biergarten machen die Badebucht zu einem lohnenswerten Ausflugsziel. Auch die Radler, die unserer Expedition folgen, kommen direkt am Flussfreibad vorbei und können es für eine erfrischende Pause gut nutzen.

Im mittleren Kochertal wird seit Jahrhunderten Wein angebaut. **Ingelfingen** verfügt über einen eigenen Weinlehrpfad. Die örtliche Kochertalkellerei hat zwar erst kürzlich mit der größeren Weinkellerei Hohenlohe fusioniert, die Probierstube ist aber weiter werktäglich geöffnet. Auch die netten Gaststätten sind ein guter Platz, sich von der Qualität der Weine aus dem Norden Württembergs zu überzeugen. Oder aber man besucht das kuriose Weinbaumuseum in den Ingelfinger Weinbergen. Es ist in einem Holzfass untergebracht, das angeblich das zweitgrößte in Europa sein soll.

Niedernhall rühmt sich, eine „kleine Stadt mit großem Charme" zu sein. Da ist durchaus was dran. Die denkmalgeschützte Altstadt duckt sich hinter Türmen und einer gut erhaltenen Stadtmauer. Das Rathaus von 1477 zählt zu den schönsten Fachwerkbauten in der Region. Götz von Berlichingen lebte Ende des 15. Jahrhunderts in Niedernhall, das Götzenhaus sollte also auf einem Spaziergang nicht fehlen.

Denkmalgeschützt und absolut sehenswert ist auch die Altstadt von **Forchtenberg**. Fachwerkhäuser, Stadttore und Türme scheinen in Hohenlohe zum Stan-

▲ Künzelsauer Kulturgenuss: Das Theater im Fluss nutzt den Kocher als spektakuläre Spielstätte.

Töpfermarkt Sindringen

Schön und nützlich

Der kleine Ort Sindringen ist einmal im Jahr Pilgerstätte für Kunsthandwerker und für Freunde der schönen Dinge. Der Töpfermarkt bringt Hersteller und Händler aus ganz Deutschland und dem angrenzenden Ausland in diesen netten Forchtenberger Stadtteil. Bis 1972 war das kleine Sindringen eine selbstständige Stadt. Das spürt man beim Einkaufsbummel auf dem bunten Töpfermarkt, der sich durch die netten Gassen der Limesstadt zieht.

Töpfermarkt
Tel.: 07947/91110
www.sindringer.de/toepfermarkt.htm

▲ Am rauschenden Fluss: Die Kochermühle bei Forchtenberg ist ein Hohenloher Postkartenmotiv. Besuchenswerte Mühlen gibt es auch an der Jagst.

dardrepertoire der kleinen Städte zu gehören. Die berühmteste Einwohnerin von Forchtenberg ist im Rathaus zur Welt gekommen: Sophie Scholl. Ihr Vater war von 1919 bis 1929 Bürgermeister der Gemeinde. Der Hans-und-Sophie-Scholl-Pfad führt durch die Stadt vorbei an Stationen ihrer Jugend. Überall sind weiße Rosen als Symbol der Erinnerung gepflanzt. Im Heimatmuseum ist eine Ausstellung für die tapferen Widerständler eingerichtet.

Spätestens bei **Sindringen** ist ein Richtungs- und Flusswechsel angesagt. Entlang der Jagst geht es nun auf dem Radweg wieder zurück und langsam, aber stetig bergauf.

Jagsthausen ist nicht ohne Götz und Götz nicht ohne Jagsthausen denkbar. In der Burg aus dem 15. Jahrhundert wurde der „Ritter mit der eisernen Hand" um 1480 geboren. „Er aber, sag's ihm, er kann mich im Arsche lecken!" – den deftigen und berühmten Götz'schen Wutausbruch haben schon etliche große Schauspieler an der Originalstätte zitieren dürfen. Seit 1950 wird im Hof der Götzenburg natürlich Goethes „Götz von Berlichingen" gegeben. Es sind meist deutschlandweit bekannte Theater- und Filmschauspieler, die die Hauptrolle spielen dürfen. Der Zahn der Zeit hat aber auch am Mythos Götz etwas genagt, Klassiker sind beim jungen Publikum offenbar nicht so sehr in Mode. Deshalb werden in Jagsthausen auch Kinderstücke oder Musicals inszeniert, mit großem Erfolg, wie etwa die „Rocky Horror Picture Show" oder die „Blues Brothers".

St. Wendel zum Stein

Idylle an der Felswand

Mitten im Naturschutzgebiet, direkt unter einer mächtigen, zehn Meter hohen Felswand und in Sichtweite der Jagst liegt eine idyllische Wallfahrtskirche, die mit ihrer fantastischen Kulisse wirklich etwas Einmaliges ist.
St. Wendel zum Stein liegt auf Dörzbacher Gemarkung und geht der Sage nach auf einen Schäfer zurück, der hier einen Schatz gefunden haben soll. Wer's glaubt. Aber egal: St. Wendel ist ein traumhafter Ort und liegt deshalb auch an einem der Pfade der Stille, die sich durch Hohenlohe ziehen. Ein Förderverein kümmert sich dankenswerterweise um den Erhalt dieses traumhaften, leicht mystischen Ensembles mit Kapelle, Mesner-Haus und den dramatischen Felsen.

An der B 19 zwischen Dörzbach und Hohebach

Doch bei **Kloster Schöntal** steigen auch passionierte Radfahrer gerne aus dem Sattel. Die geführten Kanuwanderungen auf diesem Abschnitt zählen zu den schönsten im Land. Nicht vergessen sollte man eine ausgedehnte Pause im Kloster. Wer etwas Glück hat, kann in der Klosterkirche hochklassige Orgelmusik oder Chöre hören. Im barocken Kloster, einer ehemaligen Zisterzienserabtei, ist heute ein Bildungshaus untergebracht. Legendär war der Schöntaler Abt Johannes Benedikt Knittel, ein begnadeter Verseschmid. Und legendär ist bis heute Götz von Berlichingen, der in Schöntal nach einem bewegten Leben seine letzte Ruhe fand.
In **Dörzbach** sollte man an einem schönen Sommertag eine ausgedehnte Pause einlegen – und sich in die Fluten stürzen. Der Naturbadeplatz hat Tradition, und auch die Jagst ist inzwischen ein sauberer und vor allem erfrischender Fluss. Dörzbach, die kleine Gemeinde, kann stolz sein auf eine schöne Spielstätte und eine über die Region hinaus bekannte Konzertreihe. Im ehemaligen Storchenmuseum haben die Tänzerin Stefanie Goes und der Pianist Christoph Soldan ein kleines und feines Theater eröffnet, Peter Härtling ist hier Stammgast. Und auf seinem Schloss lädt Arnulf Freiherr von Eyb zu hochklassigen Konzerten ein, die sich um das Werk von Franz Schubert drehen.
Nach so viel Kultur jetzt Lust auf etwas Habhaftes? Dann nichts wie hin zu Markus Reinauer von der Jagstmühle in **Heimhausen**. Er treibt die feine Landküche

Kloster Schöntal ist idealer Rastplatz bei einer Kanutour. Im Innenhof lädt ein hübsches Café zu einer Kaffeepause, während aus der Kirche Orgelmusik erklingt.

auf die kulinarische Spitze, die Zutaten kommen natürlich von ausgewählten Betrieben direkt aus der Gegend. Wer wirklich mal die Seele baumeln lassen will, kann bei ihm Quartier nehmen in der wunderschönen Jagsthütte mit Blick auf den Fluss.

In **Langenburg** weht der Hauch der Geschichte. Im Café Bauer sind die berühmten echten Wibele erfunden worden, eine Backspezialität, die der frühere Bürgermeister Fritz Gronbach vollends unsterblich gemacht hat. Beim Besuch von Königin Elisabeth II. 1965 bei ihrer Verwandtschaft auf Schloss Langenburg verabschiedete er die britischen Gäste eben mit dem kleinen Biskuitgebäck und verblüffte die Royals mit einem lustigen Mix aus Hohenlohe-Englisch. Im Café Bauer, dem Geburtshaus der Wibele, darf man nach Voranmeldung den Konditoren über die Schulter schauen.

Auf dem Renaissance-Schloss Langenburg residiert seit 2004 Philipp von Hohenlohe-Langenburg mit seiner Frau Saskia. Er ist der Cousin von Prinz Charles. Erstaunlich, was diese moderne Adelsfamilie so alles organisiert: Gartentage, Ritterspiele oder den prächtigen Rahmen für Hochzeiten. Die umgänglichen

▲ Märchenhaft: Der Hausherr nennt Schloss Langenburg zwar selbst einen „alten Kasten“, aber er sorgt mit vielerlei Veranstaltungen dafür, dass Leben im alten Gemäuer herrscht.

▲ Das Original: Im Café Bauer in Langenburg sind die Wibele erfunden worden, die schon Königin Elisabeth erst erstaunten und dann erfreuten.

▼ Bächlingen liegt unterhalb des Schlosses Langenburg und ist eines der verträumten Jagst-Dörfer.

Adeligen machen viele Wünsche wahr. Müssen sie auch – der Erhalt des Familienschlosses, des alten „Kastens“, ist beinahe ein Fass ohne Boden.

Zu Füßen Langenburgs liegt **Bächlingen** – und hier residiert noch eine Familie, die Hohenlohe geprägt hat. Die Schlauchs kommen von hier. Vater Rudolf war ein beliebter Pfarrer, Volkskundler und vielgelesener Autor. Sein Sohn Rezzo Schlauch machte als wortgewaltiger Politiker bei den Grünen Karriere und Bernulf verkörpert den hohenlohischen Bonvivant wie nur wenige. Seinen „Holunderzauber“, einen nach Hausrezept selbstgemachten, erfrischenden und

wohlduftenden Sekt, kann man in ausgewählten Geschäften in der Gegend erwerben.
Agnes Günther hat Langenburg und die Region literarisch verewigt, obwohl sie als Dekansgattin, schon gezeichnet von einer schweren Krankheit, hier nicht gerade glücklich geworden ist. Ihr Roman „Die Heilige und ihr Narr“ ist eine leicht kitschige, aber bis heute erfolgreiche Liebesgeschichte. Die Auflage liegt weit über einer Million. Die spätere Pfarrersfrau Heide Ruopp ist inzwischen eine ausgewiesene Günther-Expertin. In Langenburg kann man Übersetzungen in allen möglichen Sprachen anschauen und in der schönen Umgebung auf Spurensuche gehen, zum Beispiel in der nach der Autorin benannten Hütte im Langenburger Wald.
Endpunkt der Expedition ist **Kirchberg** hoch über der Jagst. Ein schmuckes Städtchen, überragt vom 45 Meter hohen Stadtturm. Früher war Kirchberg ein strategisch wichtiger Jagst-Übergang, davon zeugt die alte Steinbogenbrücke. Turbulent geht es in dem Städtchen immer am vierten Samstag im Februar zu – dann ist Stadtfeiertag und die schönsten Jungrinder und der beste Most werden prämiert. Und im Juni verwandelt sich die ganze Stadt in einen großen Buchladen. Der Büchermarkt lockt Verkäufer und Kunden aus ganz Süddeutschland an. Und wetten, dass sich in dem reichhaltigen Angebot auch ein Buch über Hohenlohe finden lässt, das noch mehr Lust auf diese zauberhafte Gegend macht?

▲ Bernulf Schlauch – ein Spross der berühmten Bächlinger Familie. Sein Holundersekt ist weit über die Grenzen der Region hinaus bekannt.

▼ Strategische Lage: Kirchberg, die kleine Bücherstadt hoch über dem Fluss, ist das würdige Finale dieser Expedition.

Tauber

Romantik total

Von Wertheim nach Rothenburg

Man sollte sich nicht wundern, wenn ausgerechnet in Nordwürttemberg plötzlich so viele Menschen mit asiatischem Aussehen und mit gezückten Kameras emsig durch die Gegend wuseln. Dann kann es nur daran liegen, dass man auf der romantischen Straße unterwegs ist. Diese traumhafte Route ist eines der Lieblingsziele von japanischen Europatouristen bei ihrer Highspeed-Tour über den Kontinent. Die Einheimischen aber sollten sich mehr Zeit nehmen für diese Expedition, die von der Mündung in Wertheim flussaufwärts bis nach Rothenburg ob der Tauber führt, dem „romantischen Disneyland" für Touristen aus Übersee.

Zeit wird man brauchen, denn das „liebliche Taubertal" ist eine Landschaft, die sich ideal mit dem Fahrrad entdecken lässt. Sage und schreibe 2300 Kilometer Radwege gibt es hier. Ein Teil davon ist vom Allgemeinen Deutschen Fahrrad Club mit 5 Sternen ausgezeichnet worden. In dieser Kategorie gibt es in ganz Deutschland nur zwei.

Wertheim steht mit schöner Regelmäßigkeit in den Schlagzeilen: Mindestens einmal im Jahr versinkt die komplette Altstadt im Hochwasser. Am Zusammen-

Hochseilgarten

Für mutige Knirpse

Hochseilgärten gibt es inzwischen viele. In Wertheim hat man ein Herz für die ganz Kleinen. Im Silvestria-Kletterpark gibt es sogar einen Parcours speziell für bis zu 4-jährige Jungs und Mädchen. Insgesamt stehen acht Parcours mit vielen Seilrutschen und spannenden Übungen zur Verfügung. Sechs dieser Rundkurse können auch von Kindern ab 1,10 Meter bewältigt werden, dann aber in Begleitung eines Erwachsenen.

Tel.: 0173/6912916
www.silvestria-waldseilgarten.de

Wertheim schraubt sich an der Mündung der Tauber in den Main vom Fluss hoch zur Ruine der Burg.

Filigranarbeit: Im Glasbläsermuseum dürfen immer wieder auch die Besucher ihr Geschick ausprobieren.

Kloster Bronnbach liegt am Jakobsweg und ist einen Abstecher wert. Wer sich in Tauberbischofsheim ausnahmsweise nicht für die Musketiere interessieren sollte, der findet in der schönen Altstadt viele sehenswerte Ecken.

fluss von Tauber und Main gibt es immer wieder einen verheerenden Rückstau. An das „Land unter" haben sich die Wertheimer gewöhnt, inzwischen gibt es sogar eine Führung durch die Stadt, bei der die Hochwassermarken aus den vergangenen Jahrhundert die Hauptrolle spielen. Ist Wertheim zwischendurch trocken, dann bummelt man durch eine entzückende Altstadt, besucht das Glasbläsermuseum und steigt hoch zur Ruine von Burg Wertheim, die eine schönen Blick auf die Stadt und den Zusammenfluss von Main und Tauber bietet.

Von Wertheim aus muss man ganz einfach einen Abstecher nach **Kloster Bronnbach** machen, einer ehemaligen Zisterzienserabtei, die dem Landkreis gehört und am Jakobsweg liegt. Hier warten bauliche Höhepunkte wie die romanische Kirche und der gotische Kreuzgang, aber auch durchaus weltliche Genüsse, etwa in der Vinothek, in der sich über 20 Winzer des Taubertales präsentieren. Als Abrundung gibt es die Bronnbacher „Kultouren", eine abwechslungsreiche und exquisite Veranstaltungsreihe.

Wieder zurück am Fluss erreicht man die Kreisstadt **Tauberbischofsheim,** eine Stadt im Zeichen des Fechtsports und der olympischen Ringe. Ihr prominentester Einwohner ist Thomas Bach, seit 2013 Vorsitzender des Internationalen Olympischen Komitees und damit Herr der Ringe. Er hat seine Karriere als Zögling im Fechtsportzentrum begonnen. Emil Beck, der Macher des Fechtwunders, war von Beruf eigentlich Friseurmeister, bevor es ihn auf die Planche zog. Die Bilanz: 250 Medaillen bei Olympischen Spielen, Welt- und Europameisterschaften. Das ist ein absoluter Weltrekord.

Wer sich einen guten Überblick über Tauberbischofsheim verschaffen will, der sollte Irmgard Wernher-Lippert besuchen. Sie ist eine Nachfahrin des letzten Türmers der Stadt, führt auf den gleichnamigen Turm und kann köstliche Geschich-

BURG-APOTHEKE

ten über die Stadt, die Bürger und deren Beiname „Bischemer Kröten“ erzählen. Südlich von Tauberbischofsheim liegt das „Bauland“. Wegen seines durchaus frischen Klimas und seiner Abgeschiedenheit wird es auch gerne „Badisch Sibirien“ genannt. Das ist die Heimat des „Bauländer Spelz“, einer uralten Dinkelsorte. Schlechtes Wetter zwang die Bauern früher oft, ihren Dinkel unreif zu ernten, sonst wäre er noch auf dem Feld verschimmelt. Getrocknet und gekocht schmeckten die grünen Kerne aber so gut, dass daraus eine Spezialität wurde, der Grünkern. Mittlerweile macht der Grünkern Furore und so mancher Koch im Taubertal hat den Grünkern sogar als Feinschmeckerspezialität auf der Speisekarte.

Der Deutsche Orden dominierte 300 Jahre lang die Kurstadt **Bad Mergentheim.** Im Deutschordensschloss ist seine Geschichte attraktiv und anschaulich dokumentiert. Den guten Ruf als Kurstadt mit einem der schönsten Kurparks in Deutschland hat Mergentheim der Sage nach einem aufmerksamen Schäfer und seinen Schafen zu verdanken. Die Tiere fanden nämlich eine Sickerstelle mit salzigem Wasser – Startschuss für die Entwicklung zu einer Gesundheitsstadt, in der sich die Kurgäste wirklich wohl fühlen können. Die Stadt leistet sich ein eigenes Kurorchester, das zu den Konzerten im Park aufspielt. Eine Radtour auf den gut ausgeschilderten Rundwegen bietet ebenso Abwechslung wie ein Spaziergang in der näheren Umgebung. Der endet dann häufig im Wachbachtal im Wildpark. Man kann auf eigene Faust durch das großzügige Gelände vorbei an den naturnahen Gehegen streifen oder sich an einer der spannenden Sonderführungen beteiligen. Wer möchte nicht mal mit den Wölfen heulen, bei der Geierfütterung dabei sein oder nach Einbruch der Dunkelheit mit Fackeln durch den Park ziehen, der das größte Wolfsrudel Europas besitzt?

Diese Frau muss man einfach gesehen haben: Maria. Nicht irgendeine Maria, sondern die weltberühmte „Stuppacher Madonna“, eines der Hauptwerke des Dürer-Zeitgenossen Matthias Grünewald. Auf abenteuerlichen Wegen ist sie im kleinen **Stuppach** gelandet, erst neulich war sie wieder auf großer Reise. Als Star bei

◂ Bad Mergentheim ist ein traditionsreicher Kurort im Taubertal: Ein Bummel durch die Kuranlagen lässt sich gut mit einer Besichtigung der prächtigen Altstadt kombinieren. Ein architektonischer Höhepunkt ist die kunstvolle Berwarttreppe im Deutschordensschloss.

▾ In der Pfarrkirche Mariä Krönung befindet sich mit der „Stuppacher Madonna“ ein Meisterwerk von Matthias Grünewald.

▲ Schloss und Park Weikersheim sind ein Gesamtkunstwerk und das Paradebeispiel für eine lebhafte und schön proportionierte ländliche Residenz.

▶ Creglingen ist eine hübsche Kleinstadt dicht an der Grenze zu Bayern. In den engen Gassen findet der Besucher viele versteckte Sehenswürdigkeiten.

einer Ausstellung in Dresden und dann beim Restaurieren in Esslingen. Der Bischof persönlich war bei der Rückkehr des berühmten Bildes vor Ort.

Der Tauberschwarz ist der typische Wein des Taubertales und ebenfalls eine kleine Berühmtheit. Er wurde von Slow Food in die „Arche des Geschmacks" aufgenommen, weil die Rebsorte vor nicht mal 50 Jahren praktisch ausgestorben war. In einem Weinberg im Vorbachtal wurden die letzten verbliebenen Rebstöcke entdeckt, nachgezüchtet und gerettet. Jetzt gedeiht er wieder auf einer ansehnlichen Fläche, darunter im romantischen Vorbachtal und in **Markelsheim.** Dort ist Conny Lehr daheim, die auf ihrem Jakobshof nicht nur lustige Weinbergfahrten für Gruppen anbietet, sondern auch eine besondere Übernachtungsmöglichkeit: im Weinfass. Zwei behaglich eingerichtete Fässer stehen für Gäste zur Verfügung.

Weikersheim ist was für Freunde der Architektur und von historischen Gärten. Der Marktplatz mit seinen stattlichen Amtshäusern, der Stadtkirche und dem Rokokobrunnen – genau so darf man sich ländliche Residenzstädtchen von früher vorstellen. Trotzdem steht die Altstadt im Schatten des prächtigen Renaissance-Schlosses mit seinem spektakulären Prachtgarten. Weikersheim war lange Zeit Stammsitz der Grafen und Fürsten zu Hohenlohe. Heute ist das Schloss wiederbelebt, durch viele Besuchergruppen und vor allem durch viele

Kinder. Monika Menth, die Schlossverwalterin, hat die schweren Tore geöffnet und lockt viele Schulklassen in das alte Gemäuer. Gekleidet wie Prinzen und Prinzessinnen durchschreiten die jungen Besucher den 80 Meter langen Rittersaal, kommen aus dem Staunen nicht mehr heraus und erfahren fast beiläufig viele Details über das frühere Leben am Hofe. Und dann – dieser Garten! Symmetrisch, akkurat durchdacht und an einzelnen Stellen wieder völlig verspielt. Zur Blütezeit eine Farbexplosion, gekrönt von annähernd 100 allegorischen Statuen im Stil der damaligen Zeit. Einen Blick und ein Foto wert ist auch die mystische Zwergengalerie, die in dieser Form einzigartig ist.

Nicht minder beeindruckend: Im Schloss und in der ganzen Stadt finden auch die Proben und vor allem die öffentlichen Konzerte von „Jeunesses Musicales Deutschland“ statt, einer einzigartigen, völkerverbindenden musikalischen Zukunftswerkstatt, die zusammen mit dem Hohenloher Kultursommer weit über die Region hinaus strahlt.

Im hintersten nordöstlichen Zipfel Baden-Württembergs liegt **Creglingen.** Eine kleine Stadt mit großer Geschichte und sehenswerten Bauwerken. In Creglingen ist man mit der Zeit gegangen und vermietet zwei der alten Wehrtürme als

Ulrichskapelle Standorf

Um acht Ecken herum

Die Ulrichskapelle ist eine von drei erhaltenen Oktogon-Kapellen in der Gegend, also eine Kirche mit achteckigem Grundriss. Wahrscheinlich stammt sie aus dem 13. Jahrhundert. An ihrer Stelle soll sich ein heidnisches Heiligtum befunden haben. Wegen esoterischer Umtriebe war die Kapelle sogar eine Zeitlang geschlossen. Heute kann man das ungewöhnliche Gotteshaus – nach Voranmeldung – wieder besichtigen.

Pfarrer Thomas Burk
Tel.: 07933/508

Ferienwohnungen. So schön die Altstadt ist, auch hier liegt die Hauptattraktion etwas außerhalb: die Herrgottskirche.

Das Kirchlein ist seit dem 14. Jahrhundert ein Wallfahrtsort, weil angeblich ein Bauer bei der Feldarbeit eine Hostie fand. Anfang des 16. Jahrhunderts schuf Tilman Riemenschneider einen durchaus angemessenen Aufbewahrungsort für die Hostie, die Wunder bewirkt haben soll: den Herrgottstaler Marienaltar, eine Kostbarkeit aus Lindenholz. Um den 25. August eines jeden Jahres herum kommen besonders viele Wallfahrer und Besucher nach Creglingen. Dann können sie mit eigenen Augen das „Lichtwunder von Creglingen" bestaunen. Durch eine Kirchenrosette fällt die Sonne genau auf Maria im Mittelteil des Altars, und zwar immer am späten Nachmittag zu dieser Jahreszeit. Zauberhaft!

Kurios ist auch das Fingerhutmuseum der Familie Greif gleich gegenüber mit über 4000 Exponaten aus aller Welt und das Gasthaus Holdermühle, das genau auf der baden-württembergisch-bayerischen Grenze liegt und eine letzte Rast bietet, bevor es in den Trubel von Rothenburg geht.

Rothenburg ob der Tauber ist eine

Der Marienaltar ist die Hauptsehenswürdigkeit von Creglingen. Gleich gegenüber werden kuriose Fingerhüte hergestellt, gesammelt und ausgestellt.

Endlich am Ziel der Träume: Vor allem Touristen aus Asien haben ein unerklärliches Faible für Rothenburg ob der Tauber. Mittelalter und moderner Kitsch liegen hier eng beieinander. Wem's gefällt ...

Kurioses Museum

Leben im Turm

Creglingen ist die Stadt der Türme. Der Lindleinturm, früher Teil der mächtigen Befestigungsanlage, hat eine ganz besondere Geschichte. Er wurde im 18. Jahrhundert als Wohnturm ausgebaut. Zuletzt lebte Margarete Böttiger fast 60 Jahre lang auf den verschiedenen, ziemlich beengten Stockwerken. Nach ihrem Tod blieb die gesamte Hinterlassenschaft erhalten. Heute ist der Turm eines der kleinsten Museen im Südwesten und zeigt einen authentischen, manchmal auch beklemmenden Einblick in das Leben dieser Creglinger Frau.

Tel.: 07933/7010

wunderbar erhaltene mittelalterliche Stadt. Davon gibt es zwar einige im Südwesten und deshalb ist auch nicht ganz nachvollziehbar, warum sich die Asiaten vor allem in die Stadt über der Tauber verliebt haben. Nun ist das aber eine Tatsache und an manchen Tagen ist es eher ratsam, die völlig übervölkerte Altstadt zu meiden. Einige Japaner sind hier tatsächlich für immer hängengeblieben. Eiichi Takeyama zum Beispiel malt und verkauft romantische Bilder von Rothenburg an seine Landsleute und Humiko Wohlfahrt ist der Liebe wegen geblieben und betreibt mit ihrem Mann Harald das Weihnachtsmuseum und den Weihnachtsmarkt. Der Markt ist natürlich ganzjährig geöffnet, das ist man den vielen Touristen aus Fernost einfach schuldig.

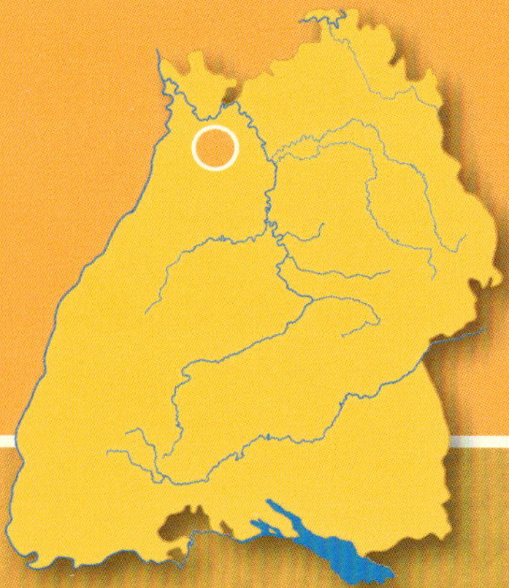

Kurpfalz

Stadt, Land, Fluss!

Mit Mark Twain durch Heidelberg und Umgebung

Standesgemäß heiraten

Der schönste Tag im Leben

Heiraten? Natürlich geht das auch im romantischen Heidelberg. Das Stadtmarketing bietet ein exklusives Programm an, das kaum Wünsche offenlässt. Das Ja-Wort geben sich die Verliebten standesgemäß auf dem Heidelberger Schloss, die anschließende Feier findet ebenso standesgemäß im Palais Prinz Carl statt, einem wunderschön restaurierten, ehemaligen Grand-Hotel, in dem schon viele Größen logierten, unter anderem die legendäre Kaiserin Sissi.

Heidelberg Marketing
Ziegelhäuser Landstraße 3
69120 Heidelberg

Ach, Heidelberg! Was soll man zu Dir noch sagen? Heidelberg, die Vielbesungene, Heidelberg, die Romantische, Heidelberg, das Traumziel aller amerikanischen Urlauber. Heidelberg ist Klischee und Gesamtkunstwerk in einem, lebhafte Studentenstadt, wissenschaftliches Zentrum und Puppenstube zugleich. Eine Stadt voller Widersprüche und genau deshalb ein gutes Ziel für eine Expedition.
„Ich hab mein Herz in Heidelberg verloren" – die Schnulze des Österreichers Fred Raymond ist um die Welt gegangen. Und die blutjunge Peggy March hat „Memories of Heidelberg" als Schlager besungen. Viele Dichter wie Oswald von Wolkenstein, Friedrich Hölderlin, Clemens Brentano und vor allem Joseph Victor von Scheffel sind dem Charme der Stadt erlegen. Und Mark Twain, der Weltenbummler, schrieb 1880 in seinem Reisebericht „A tramp abroad" über Heidelberg: „Niemals habe ich mich an einem Blick erfreuen können, der solch einen befriedigenden Charme ausstrahlte wie diesen hier." Er meinte damit den Blick vom gegenüberliegenden Neckarufer auf das Heidelberger Schloss.
Es gibt eigentlich nur zwei Stellen, den Reiz Heidelbergs auf einen Blick zu erkunden. Nummer eins ist der Philosophenweg, der legendäre, zwei Kilometer lange Panorama-Höhenweg, der einen unvergleichlichen Blick über den Neckar, die Altstadt und das Schloss bietet. Der Einstieg zum Philosophenweg ist nicht leicht zu finden, aber ein Spaziergang gehört zu einem Muss in Heidelberg. Der Sonnenhang am Heiligenberg ist eine Klima-Insel, hier blühen Bambus, Zi-

Im Sommer erstickt Heidelberg manchmal fast unter dem Ansturm der Besucher. Trotzdem lassen sich auch noch ruhige Plätze in der quirligen Altstadt finden.

tronen und Granatapfel. Den zweiten unbeschreiblichen Blick hat man auf der Gegenseite – vom Schloss hinunter auf die Stadt. Beide Orte sind gefragte Plätze für verliebte Paare.

Heidelberg ist eine der wenigen Großstädte, die im Zweiten Weltkrieg nicht bombardiert und zerstört wurden. Die barocke Altstadt blieb weitgehend erhalten, durch sie führt eine lange Bummelzone, die fast alle Sehenswürdigkeiten streift. Das Schloss sollte man sich für später aufheben und erst einmal ausgedehnt durch die umtriebige Altstadt bummeln.

Die Universität Heidelberg ist nicht nur die älteste Universität auf dem Gebiet der Bundesrepublik, sondern auch größter Arbeitgeber der Stadt. Über 15 000 Menschen arbeiten an der Universität und dem Klinikum, das in vielen Medizinfeldern weltweit Spitze ist. Die Bedeutung der Universität ist auf Schritt und Tritt zu spüren, nicht nur wegen der vielen jungen Menschen in der alten Stadt. Die Sammlungen und Ausstellungen der Uni haben Weltruhm und sind auch für ganz normale Besucher zugänglich. Sogar ein eigenes Universitätsmuseum gibt es. Viel besucht und vor allem bei ausländischen Besuchern höchst beliebt ist der Studentenkarzer, das historische Gefängnis für renitente und manchmal auch nicht mehr ganz nüchterne Studenten, die ihre im Gewahrsam gewonnenen Erkenntnisse an den Wänden der Nachwelt hinterlassen haben. Zweite Uni-Attraktion ist die Bibliothek. Unter den alten Büchern und Schriften

Mit etwas Humor lässt sich der Trubel gut ertragen. Stadtführer Klaus Mombrei hat als Mark Twain jedenfalls gut zu tun.

Immer im Blick: Das Heidelberger Schloss war in einer Umfrage die Touristenattraktion Nummer 1 in Deutschland.

▲ Der Karzer der Universität war einerseits Ausnüchterungszelle, andererseits aber auch der Ort für bissige Spottkommentare.

◂ Die Alte Aula ist der Repräsentationssaal der Universität. Früher wurde hier gelehrt, heute wird standesgemäß gefeiert. Auch hochkarätige Konzerte und Vorträge finden in der Alten Aula statt.

ragt die „Manessische Liederhandschrift“ heraus, eine weltberühmte Sammlung mittelalterlicher Dichtkunst, die sicher im Tresor verstaut ist. Aber ein Faksimile der Kostbarkeit ist ständig in der Universitätsbibliothek zu sehen.
Ein Streifzug durch die Stadt beginnt auf der „Alten Brücke“, in ihrer heutigen Form seit 1788 der ideale Einstieg in das Gassengewirr. Dort treffen sich die Touristen zum Fototermin vor dem ältesten Gebäude der Stadt, am Hotel Ritter. Es wurde 1592 erbaut und liegt ideal in der Altstadt an der Heiliggeistkirche. Wer sich für die Geschichte Heidelbergs und der Kurpfalz interessiert, wird im Kurpfälzischen Museum gut versorgt, unter anderem ist hier ein Riemenschneider-Altar zu sehen. Weitere wichtige Museen sind das Völkerkundemuseum im Palais Weimar, die Gedenkstätte für den ersten Reichspräsidenten Friedrich Ebert in seinem Geburtshaus und das wichtige Dokumentationszentrum der deutschen Sinti und Roma. Es hat es sich zu Aufgabe gemacht, die über 600-jährige Geschichte der Sinti und Roma in Deutschland und die jahrhundertelange Verfolgung und Vernichtung zu dokumentieren.
Mark Twain begegnet dem Heidelberg-Besucher immer wieder. Sei es in seinen schriftlichen Erinnerungen oder fast leibhaftig. Der Heidelberger Gästeführer Klaus Mombrei verwandelt sich gerne in den Dichter und unterhält die Wiss-

▲ Mit dem prachtvollen Codex Manesse bewahrt die Universitätsbibliothek Heidelberg die wohl berühmteste deutsche Liederhandschrift des Mittelalters.

Zoo Heidelberg

Wo der Affe pfeift

Der Heidelberger Zoo ist ein beliebtes Ausflugsziel für Groß und Klein. Es macht Spaß, sich im Tierpark mit den schönen alten Bäumen imposante und kuriose Tiere anzuschauen. Das Elefantenhaus mit einer Junggesellen-Herde ist besonders beliebt. Heimlicher Star aber ist der Orang-Utan Ujian. Der Menschenaffe kann tatsächlich pfeifen! Mit etwas Fantasie kann man aus seinem Vortrag tatsächlich Melodien heraushören. Ujian soll einer von drei Menschenaffen weltweit sein, die diese Kunst beherrschen.

Heidelberger Zoo
Tiergartenstraße 3, 69120 Heidelberg
Tel.: 06221/64550, www.zoo-heidelberg.de

begierigen mit seinen köstlichen Anekdoten. Natürlich endet seine Führung in einer der legendären Heidelberger Studentenkneipen, in denen der amerikanische Schriftsteller während seines mehrmonatigen Aufenthaltes gerne und ausdauernd verweilte und seine heiteren und manchmal auch etwas kratzigen Milieu-Studien verfasste.

Nach soviel Wissenschaft, Kultur und Zeitgeschichte gibt es nun aber kein Halten mehr: Das Heidelberger Schloss steht auf dem touristischen Speiseplan. Es wurde im Jahr 2012 bei einer Umfrage der Deutschen Zentrale für Tourismus zur Top-Sehenswürdigkeit in der Bundesrepublik gewählt.

▲ Und es hat klick gemacht: Ein Schnappschuss auf dem Heidelberger Schloss gehört zu jedem Besuch dazu. Der Schlossfotograf arbeitet an schönen Tagen im Akkord.

Hip Hotel

Weltreise unter einem Dach

Wem Heidelberg als Ausflugsziel nicht ausreicht, der hat in der Stadt eine ungewöhnliche Bleibe. Das Hip Hotel bietet insgesamt 27 Zimmer an, die im Stile von 27 Städten oder Ländern eingerichtet sind – von A wie Andorra bis Z wie Zermatt. Das Hotel erhielt für dieses originelle Konzept den Deutschen Touristik-Preis in der Sparte Hotel und war sogar der New York Times einen Artikel wert.

Hip Hotel
Hauptstraße 115
69117 Heidelberg
Tel.: 06221/20879
www.hip-hotel.de

Das Heidelberger Schloss ist das Wahrzeichen der Stadt und vermutlich die populärste Ruine Deutschlands. Seine wechselhafte Geschichte reicht von der strategischen Burg hoch über dem Neckartal bis zur feudalen Residenz der Kurfürsten und fand mit den Zerstörungen im Pfälzischen Erbfolgekrieg (1688–1697) und einem späteren Brand fast sein jähes Ende als Steinbruch. Erst Ende des 18. Jahrhunderts wurden die Überbleibsel romantisch verklärt. Das hält bis heute an.

Spaß macht es, in all dem Rummel ein ruhiges Plätzchen zu suchen und der Touristenparade zuzuschauen. Besonders kurios ist es, den Schlossfotografen Mike Niederauer zu beobachten, wie er charmant und wortgewandt versucht, Urlaubern aus Fernost eines der Standardfotos vor dem Ottheinrichsbau anzudrehen, einem bedeutenden Werk aus der Renaissance.

Um sich einen noch besseren Überblick über die Stadt und das Umland zu verschaffen, muss man noch einige Höhenmeter mehr erklimmen. Noch besser: Man steigt in die Bergbahn und lässt sich ganz gemütlich nach oben auf den Königstuhl chauffieren. Mit einer Gesamtstrecke von 1,5 Kilometern ist die Heidelberger Bergbahnstrecke die längste in Deutschland und überwindet dabei an der steilsten Stelle eine Steigung von 43 Prozent.

Oben, auf 550 Metern über dem Meeresspiegel, bietet sich ein wirklich unvergleichliches Panorama. Es fällt schwer, sich von diesem Anblick zu lösen. Irgendwann aber wird es Zeit, eine weitere Attraktion zu besuchen – das Haus der Astronomie. Es handelt sich um ein einzigartiges astronomisches Zentrum, das

▲ Hoch über Heidelberg – und den Blick ins All. Das Haus der Astronomie ist nicht nur architektonisch eine Attraktion.

dank einer großzügigen Stiftung 2011 ein sensationelles Gebäude bezogen hat und einen Blick in das Weltall ermöglicht. Das Gebäude ist einer Spiralgalaxie nachempfunden und beherbergt im Zentrum einen Hörsaal mit modernster Technik. Mit dem Zentrum soll die Faszination der Astronomie weitervermittelt werden. Das gelingt ausgezeichnet: Schulklassen und Kindergartengruppen sind hier Stammgäste und Freunde der Astronomie nutzen gern die vielen Vortragsveranstaltungen.

Vom Weltall zurück auf den Boden – genauer: auf den Neckarsteig. Vom Königstuhl aus kann man diesem Premiumwanderweg folgen, der bis nach Bad Wimpfen reicht und der Perlenkette der schönen Neckarburgen und zauberhaften Orte folgt. Die Gesamtroute ist in acht Tagesetappen zu bewältigen. Wer nicht so viel Zeit hat, sollte wenigstens einen der Abschnitte gehen, zum Beispiel den vom Heidelberger Königstuhl über Neckargemünd zur Bergfeste Dilsberg und dann mit dem Neckarschiff zurück nach Heidelberg.

Dilsberg ist ein vielbesuchter Ortsteil von Neckargemünd in einer prächtigen Aussichtslage oberhalb der beeindruckenden Neckarschleife. Die mittelalterliche Bergfeste ist ein schöner Rastplatz und im Sommer Schauplatz des Ritterdramas *Die Rose von Dilsberg*. Von der Feste kann man hinab zum Neckar wandern und dort ein Schiff der Neckarflotte zur wunderschönen Rückfahrt nach Heidelberg besteigen.

▲ Traditionsreich: Der Stadtteil Handschuhsheim ist ein fast ländliches Idyll mit einem gut sortierten Wochenmarkt der örtlichen Erzeuger.

▼ Mit der Neckarflotte kommen alle Ausflügler, die sich im Umland umschauen wollen, bequem zurück in die Stadt.

Wieder in Heidelberg, bieten sich noch zwei Abstecher an. Handschuhsheim, im örtlichen Dialekt „Hendesse" genannt, ist der bevölkerungsreichste Heidelberger Stadtteil. Es ist ein eher ländlich geprägter Bezirk, das merkt man vor allem beim bunten, von den einheimischen Landwirten beschickten Wochenmarkt direkt vor der Tiefburg aus dem 14. Jahrhundert. Das quirlige Treiben ist wirklich ansteckend und verlockt zu einem Spaziergang durch den Stadtteil. Sehenswert ist die Vituskirche, die älteste Kirche Heidelbergs. Bis 1905 wurde sie als Simultankirche genutzt, also sowohl von katholischen wie evangelischen Christen. Kirchenfreunde staunen über die schönen Fresken und die Grablegen der örtlichen Adligen.

Der Steinbruch bei Dossenheim ist Teil des Geoparks Odenwald. Zu Beginn des 20. Jahrhunderts war er Kulisse für die legendären „Neckar Western".

Einen Ausflug in das Umland von Heidelberg sollte man sich nicht entgehen lassen: einen Ausflug in den Wilden Westen. Jawohl, richtig gehört! Der Wilde Westen hat einst in der Nähe von Heidelberg gelegen, genauer: in den Steinbrüchen bei **Dossenheim**. Um in die Welt der Sheriffs und Indianer einzutauchen, muss man aber erst einmal knapp hundert Jahre zurück. Damals war Heidelberg eine kurzfristig aufstrebende Filmmetropole. Zentrum des Filmschaffens war das so genannte Glashaus, ein Filmstudio im Stadtteil Schlierbach, in dem von 1912 bis 1920 Stummfilme gedreht wurden.

Die Außenaufnahmen wurden im benachbarten Dossenheim gedreht, eben die legendären Neckarwestern mit solch aufregenden Titeln wie „Bull Arizona – der Wüstenadler". Im Steinbruch führte ein Mann Regie, der später wirklich groß rausgekommen sollte: Phil Jutzi, ein Mann, der an die hundert Filme gedreht hat, darunter auch „Berlin Alexanderplatz" mit Heinrich George. Hauptdarsteller der Western war Hermann Basler, Sohn eines Fabrikanten aus Ludwigshafen. Die Blütezeit des Westerns made in Heidelberg war aber auch schnell wieder vorbei. Basler machte als Unternehmer Karriere in der Holzindustrie und stellte Faserplatten her. Die Filmerei, die wilden Verfolgungsjagden und die schmachtenden Liebesszenen waren ihm später eher peinlich. Die Schauplätze der Dreharbeiten kann man aber heute noch besichtigen: Der Verein „Lakota Trading-Post" hat auf dem Gelände ein Westerndorf nachgebaut und lädt immer wieder zu öffentlichen Veranstaltungen ein, bei denen es ein Wiedersehen mit Cowboys und Indianern gibt. Seltsamerweise werden in den Dossenheimer Steinbrüchen kaum amerikanische Touristen gesichtet. Sie nehmen aus Heidelberg offensichtlich ganz andere „memories" mit über den Großen Teich.

Kraichgau

Toskanische Gefühle

Von Bruchsal nach Sinsheim

Um den begehrten Titel „Toskana Deutschlands“ streiten sich viele Regionen, damit lässt sich glänzend um Urlauber werben. Der Kraichgau darf sich berechtigte Hoffnungen machen, dem italienischen Vorbild sehr nahezukommen. Vor allem bei Sonnenaufgang und dann wieder am Abend wecken die sanften, gestaffelten Hügelketten und das unvergleichlich zarte Licht dieser reichhaltigen Kulturlandschaft in Baden tatsächlich toskanische Gefühle.
Der Kraichgau ist trotzdem eine Region, die allenfalls als Geheimtipp gilt und zu Unrecht im Schatten der großen Urlaubsdestinationen steht. Dabei hat die Gegend im ehemaligen Grenzgebiet zwischen Baden und Württemberg eine bewegte Geschichte mit eindrucksvollen Baudenkmalen zu bieten. Wer sich für eine Reise in die „Kornkammer Badens“ entscheidet, wird mit kulinarischen Spitzenleistungen und mit unvergleichlichen landschaftlichen Reizen belohnt.
Gleich der Start unserer Expedition bietet echte Spitzenleistungen. Das Schloss **Bruchsal** ist ein barockes Glanzstück. Ebenso beachtlich ist die Tatsache, dass das Schloss im Zweiten Weltkrieg fast komplett zerstört und jahrzehntelang bis 1975 wieder aufgebaut wurde. Respekt vor dieser Leistung. So können sich Besucher wieder am phänomenalen Treppenhaus von Balthasar Neumann erfreuen. Es gilt weltweit als „Krone aller Treppenhäuser“. Auch die prunkvollen Säle im Hauptgebäude sind eine Augenweide, die für die Pracht einer spätbarocken Re-

▲ Typische Morgenstimmung im Kraichgau: leichter Nebel und weiche Landschaftskonturen.

▸ Barocke Pracht: Der Marmorsaal im Schloss Bruchsal ist detailgetreu wiederhergestellt worden.

sidenz stehen, die inzwischen auch das deutsche Musikautomatenmuseum mit 500 kuriosen Exponaten beherbergt. Der Schlosspark, eingerahmt von den südländisch angehauchten Orangerien, ist um eine Sichtachse angeordnet. Auf verschlungenen Wegen, vorbei an Figuren und Wasserspielen, lässt sich ein netter Spaziergang unternehmen.

Spitzenleistung auch vom Feld. Bruchsal ist die europäische Adresse für exzellenten Spargel. In der Saison werden in der Obst- und Gemüse-Absatzgenossenschaft täglich an die 70 Tonnen des edlen Gemüses umgeschlagen, das auf den sandigen Böden der Rheinebene prächtig gedeiht. 22 Zentimeter lang, gerade gewachsen und 18 bis 24 Millimeter dick – so sieht der ideale Spargel aus. Spargel spielt natürlich auch zur Saison in den gepflegten Gasthäusern und Restaurants von Bruchsal die erste Rolle. Und hinter vorgehaltener Hand ist manch einer der Spitzenköche froh, wenn nach der Saison wieder etwas anderes als Spargel auf die Speisekarte kommt.

Zur Verdauung ist ein weiterer Spaziergang ratsam – auf den Michaelsberg oberhalb von **Untergrombach**. Der grandiose Blick in die Rheinebene ist die kleine Wanderung wert. Am 29. September, dem Namenstag des Heiligen, ist es hier oben rund um die weiße Kapelle etwas voller, ansonsten kann man ungestört das Naturparadies genießen.

▲ Vor dem Genuss die harte Arbeit auf den Feldern: Spargelernte ist bis heute Handarbeit.

▲ Von der UNESCO unter Schutz gestellt – Kloster Maulbronn, die kirchenhistorische Sehenswürdigkeit im Kraichgau.

Extremer geht es einmal im Jahr zu: Die Teilnehmer an der Challenge Kraichgau, einem anspruchsvollen Triathlon, bei dem internationale Spitzensportler am Start sind, legen sich vor zahlreichem Publikum mächtig ins Zeug. Der gängige Triathlon im Kraichgau für jedermann aber lautet Wandern – Radeln – Reiten. Gut ausgebaute und markierte Wege machen die Orientierung leicht und eine „Tour de Kraichgau“ ist mühelos machbar.

Auf dem Weg liegt inmitten der Hügellandschaft für jeden Kraichgau-Besucher **Maulbronn**, das wie ein Magnet wirkt. Die Zisterzienserabtei gilt als die am besten erhaltene Klosteranlage des Mittelalters nördlich der Alpen und steht seit 1993 unter dem Schutz der UNESCO. Die romanische Klosterkirche mit der „Paradies“ genannten Vorhalle, der beeindruckend schlichte gotische Kreuzgang und das Herrenrefektorium, also der Speisesaal der Mönche, sind architektonische Aushängeschilder. Große Namen stehen für die evangelische Klosterschule, die von Herzog Christoph von Württemberg 1556 eingerichtet wurde und als Evangelisch-theologisches Seminar noch heute besteht. Johannes Kepler, Friedrich Hölderlin und der unglückliche Hermann Hesse verbrachten hier einen Teil ihrer Schulzeit.

Die tausend sanften Hügel sind eines der Markenzeichen des Kraichgaus. Und zu den Hügeln gehören die markanten Hohlwege, die sich tief in den Lößboden gegraben haben. Über 450 Hohlwege wurden in der Region gezählt, das ist rund ein Drittel aller Hohlwege in Baden-Württemberg. Die typischen Hohlwege entstanden aus Feldwegen, auf denen die Bauern mit Ochsen- und Pferdekarren zo-

gen und damit den Lehmboden lockerten. Die Auswaschung durch den Regen sorgte für metertiefe, oft steilwandige Mulden. Heute haben sie ihre Bedeutung für den örtlichen Verkehr verloren, sind aber als Biotope besonders wertvoll. Rund um die Gemeinde **Zeutern** kann man die Hohlwege besonders intensiv erkunden, hier gibt es gleich vier davon. Start für eine Wanderung ist die Hirschhohl, ein Lehrpfad, der die Entstehung der für den Kraichgau typischen Hohlwege erläutert. Die Galgenhohle ist einer der am besten erhaltenen Hohlwege – stolze zwölf Meter tief und in der Morgen- und Abendstimmung leicht gruselig. Die Rennweghohle war einst eine wichtige Verkehrsader zwischen den Orten Zeutern und Östringen. In den 1950er-Jahren wurde sie als Mülldeponie missbraucht und erst in den 1990er-Jahren mühevoll wieder geräumt. Heute ist dieser Hohlweg eine Naturoase, in der seltene Pflanzenarten wie Thymian und Enzian in Ruhe wachsen können.

Gochsheim, der malerisch gelegene Ortsteil von Kraichtal, verfügt gleich über drei kuriose Museen. Im Badischen Bäckereimuseum und dem Deutschen Zuckerbäckermuseum sind verschiedene Guss- und Backformen, historische Konditorformen sowie große, riemenbetriebene Maschinen zu sehen. Im Graf-Eberstein-Schloss ist die mit sage und schreibe 1300 Exemplaren weltgrößte Ausstellung an Bügeleisen untergebracht.

Bretten hat seinen eigenen Feiertag. Immer am Wochenende nach dem 29. Juni wird in der Stadt das Peter-und-Paul-Fest gefeiert. Die ganze Stadt ist auf den Beinen, es ist der Nationalfeiertag im Kraichgau, an dem das Mittelalter wieder

▲ Der Kreuzganz in Maulbronn – hier sind wahrscheinlich schon Hesse und Hölderlin gewandelt, Lateinvokabeln lernend.

Islandpferdgestüt

Mädchentraum auf vier Beinen

Reiten ist im Kraichgau angesagt. Für Kinder, vor allem Mädchen, ist ein Pferdehof der Traum aller Wünsche, wie die Isländerzucht im Weierbachtal. Familie Kratt züchtet nicht nur Isländer, hier kann man auch Reitunterricht nehmen. Das sieht etwas ungewöhnlich aus, denn der Tölt, die vererbte Gangart dieser Pferderasse, kennt keine Schwebephase. Der Reiter sitzt fast erschütterungsfrei im Sattel, während die Pferdebeine fast im Nähmaschinen-Takt arbeiten. Natürlich kann man bei einem Besuch im Gestüt auch nur die Pferde im Stall und auf der Koppel bestaunen.

Familie Kratt
Weierbachsiedlung 3, 76703 Kraichtal
Tel.: 07250/927359

Gut Schwarzerdhof

Edles im Park

Philipp Baron von Papius ist der Herr von Gut Schwarzerdhof bei Bretten. Das wunderschöne Landgut aus dem 18. Jahrhundert ist ein Schatz und normalerweise nicht für die Öffentlichkeit zugänglich. Ausnahmen werden freilich gemacht. Man kann das Gut, die historischen Stallungen, den Gartensaal oder den Park für Hochzeiten und Feierlichkeiten mieten. Oder aber die „Life's Finest" besuchen, eine Verkaufsschau für edle, originelle und meist nicht ganz billige Dinge, die das Leben schöner und angenehmer machen. Über 100 Aussteller aus ganz Europa nutzen dabei das einzigartige Ambiente des lieblichen Anwesens, während die Besucher den Einkaufsbummel bei Jazzmusik, feinen Speisen und Getränken genießen.

Gut Schwarzerdhof, 75015 Bretten
Tel.: 07252/536459, www.lifesfinest.de

lebendig wird. An die 3000 Bürger werfen sich in historische Gewänder und sind als Mägde, Landsknechte, Bettler oder Patrizier aktiv mit dabei. Gekocht wird natürlich nur nach mittelalterlichen Originalrezepten.

Das Peter-und-Paul-Fest hat drei verbriefte Wurzeln: die Schützenfeste, den Schäfersprung und schließlich den Sieg der Badener über Ulrich von Württemberg bei der Belagerung Brettens im Jahr 1504. Vor allem dieser historisch bedeutende Sieg wird heutzutage detailreich und fast lebensecht nachgespielt. Neudeutsch nennt sich das „Re-enacting". Das Spektakel, wenn eine Stadt die eigene Geschichte wieder belebt, zieht jährlich tausende Besucher an und in seinen Bann.

Der wunderschöne Marktplatz von Bretten ist aber immer einen Besuch wert. Im Mittelpunkt steht das Melanchthon-Haus, ein Sandsteinbau im spätgotischen Stil, der an der Stelle errichtet wurde, wo der Reformator und Luther-Weggefährte Philipp Melanchthon als Philipp Schwartzerdt auf die Welt gekommen ist. Ein sehenswertes Museum, eine internationale Forschungsstelle und eine Bibliothek mit über 11 000 Werken legen Zeugnis ab von der großen Rolle, die der berühmteste Sohn Brettens für die Kirchengeschichte hat. Auf dem Marktplatz von Bretten findet auch jährlich der Kraichgauer Weinmarkt statt – ein kulinarisches Volksfest, bei dem die besten Tropfen der Region ausgeschenkt werden. Davon gibt es reichlich, der Kraichgau ist ein hochklassiges Anbaugebiet mit trefflichen Rotweinen.

Wem es beim Weinmarkt zu voll ist, der besucht die Winzer direkt auf dem Hof oder kehrt in eine der vielen gemütlichen Besenwirtschaften ein. Im Kraichgau gibt es zur Orientierung einen ganz besonderen Service – die Besen-App. Öffnungszeiten und Adressen von über 80 Besenwirtschaften und Weinstuben können damit mobil auf dem Handy abgerufen werden. Neben den Öffnungszeiten der Besenwirtschaften informiert die App über Hof-Feste, Themenabende und

▾ Der Sieg über das württembergische Heer wird heute noch in Bretten nachgespielt – und beim Peter und Paul-Fest entsprechend gefeiert.

Live-Musik-Events. Eine wirklich tolle Sache, die Vorbild für andere Weinregionen sein könnte.

Georg Johann Faust, eine andere imposante geschichtliche Figur des Kraichgaues, wurde um 1480 in **Knittlingen** geboren. Man weiß nicht sehr viel über ihn. Um 1540 starb er unter mysteriösen Umständen in Staufen im Breisgau. Faust wurde angeblich vom Teufel geholt, ist aber wohl eher bei einem seiner alchemistischen Experimente verunglückt. Doktor Faust – der Name ist der Inbegriff für Magie, Astrologie und Scharlatanerie. Bereits zu seinen Lebzeiten setzte die Legendenbildung ein, ein Platz in der Dichtung war der Figur schnell sicher. Das bekannteste Beispiel ist Johann Wolfgang von Goethes „Faust. Eine Tragödie". Seit 1980 ist das Faust-Museum im alten Rathaus untergebracht. Zu sehen sind die Spuren, die Faust in der Realität, aber vor allem in Büchern, Spielen, der Musik, im Theater und im Film hinterlassen hat.

Eppingen ist die Fachwerkhauptstadt im Kraichgau. Seit dem Sommer 2002 gibt es in Eppingen einen Fachwerkpfad, der einzigartig in Deutschland ist. Einzelne wichtige Elemente aus dem Fachwerkbau werden anschaulich erläutert. Im Vorbeigehen erfährt man das Wichtigste über diese Bautechnik und vor allem, an welchem Haus in der Stadt das Original zu bewundern ist. Ein Spaziergang durch Eppingen ist zugleich auch ein Spaziergang durch die Geschichte des Fach-

▲▼ Eppingen ist die Fachwerkhauptstadt im Kraichgau. Ein Lehrpfad am Eingang der Stadt informiert über die wichtigsten Bautypen, die dann in der prächtigen Altstadt vor Ort und am Objekt besichtigt werden können.

Rarität in Eppingen

Himmlische Klänge

Ein Carillon ist eine Rarität: ein großes Glockenspiel, das sich manuell oder automatisch bedienen lässt. In der Stadtkirche Unsere Liebe Frau in Eppingen wird ein solch seltenes Musikinstrument regelmäßig bespielt. Das Eppinger Carillon besteht aus 49 Bronzeglocken und ist eines der größten in Deutschland. Kantor Andreas Schmid ist ein Meister am Carillon und organisiert auch den Eppinger Carillon-Sommer. Sehens- und vor allem hörenswert!

Kath. Stadtkirche Eppingen
Tel.: 07262/2219

werkbaus. Besonders schöne Exemplare sind die Alte Universität, das Bäckerhaus, das älteste Fachwerkhaus der Stadt, und gleich gegenüber das Baumann'sche Haus. Die historische Altstadt steht als Gesamtwerk unter Denkmalschutz und lässt sich besonders originell bei mittelalterlichen Führungen entdecken.

Eine „Chinesische Mauer“ im Kraichgau? Ja, auch die gibt es, im asiatischen Garten in **Münzesheim**, der zum Therapiezentrum Kraichtal gehört. In 15-jähriger Arbeit wurde hier einer der eindrucksvollsten fernöstlichen Gärten Europas von Gärtnermeister Klaus Pätsch angelegt. Er ist inzwischen pensioniert und war niemals in Asien, weil es ihm im Kraichgau so gut gefällt. Gemeinsam mit den Patienten der Klinik, für die das Arbeiten im Garten Teil der Therapie ist, entstand hier eine bemerkenswerte Anlage. Das chinesische Teehaus ist ebenso für die Öffentlichkeit zugänglich wie die gesamte Parkanlage.

Nach **Sinsheim**, direkt an der A 6 gelegen, kommen Gäste meist aus den unterschiedlichen Gründen: zu einem Fußballspiel des Bundesligisten 1899 Hoffenheim, zu einem Bad in der supermodernen Badewelt oder zu einer ausgedehnten Visite im Auto- und Technikmuseum. Mehr als 3000 Ausstellungsstücke, darunter eine echte Concorde und das russische Gegenstück, die TU 144, sowie Hunderte von Oldtimern, Motorrädern und Sportwagen sind das Ergebnis einer schier unglaublichen Sammelleidenschaft der Familie Layher. Hermann Layher führt das Erbe seines Vaters Eberhard nahtlos und mit ähnlicher Leidenschaft fort. Dabei geht fast unter, dass Sinsheim eines der Zentren der badischen Revolution von 1848 war. Gleich fünf bedeutende Revolutionäre stammen aus Sinsheim oder Umgebung, an der Spitze Franz Sigel und Friedrich Hecker aus Eichtersheim. In einem für seine vorbildliche Didaktik ausgezeichneten Museum wird an die Vorkämpfer der deutschen Demokratie erinnert. Vom Alten Rathaus in Sinsheim riefen die Revolutionäre die demokratische Republik aus. Eine Säule mit der Inschrift „Für Freiheit, Recht und Einigkeit“ hat diesen Revolutionären ein Denkmal gesetzt.

Die Niederschlagung des Aufstandes sorgte in Baden neben der vorherr-

▾ Wiege der Revolution: In Eichtersheim ist Friedrich Hecker zur Welt gekommen, der die badischen Aufständischen anführte und dann emigrieren musste.

schenden Armut für einen regelrechten Exodus in die Neue Welt. In den Vereinigten Staaten kämpften viele Badener in der Nordstaatenarmee für ihre demokratischen Ideale. Sie wurden als „Forty Eighters" bekannt. Franz Sigel erreichte im Sezessionskrieg den Generalsrang, Friedrich Hecker kämpfte an seiner Seite. Auch daran erinnert das Museum.

Wegen dieser bewegten Jahre liegt Sinsheim natürlich an der Straße der Demokratie als eine von derzeit elf Stationen. Für Museumschef Holger Friedrich und seine Frau ist die badische Revolution eine Lebensaufgabe geworden: Für das Hecker-Theater schrieb er zum 200. Geburtstag des Revolutionärs das Theaterstück „Mythos Hecker", das standesgemäß vor dem Schloss in Heckers Geburtsort Eichtersheim seine Premiere feierte.

Weithin sichtbar erhebt sich bei Sinsheim die stolze Stauferburg Steinsberg mit ihrem achteckigen und knapp 30 Meter hohen Bergfried. Er erinnert an das staufische Castel del Monte in Apulien. Vor 40 Jahren erwarb die Stadt Sinsheim die Burganlage und rettete sie vor dem drohenden Verfall. Im romantischen Innenhof finden in den Sommermonaten Theaterveranstaltungen, Konzerte und das mehrtägige Steinsberg-Festival statt. In den ehemaligen Wohn- und Wirtschaftsgebäuden ist heute ein Restaurant untergebracht. Der Ausblick über die Kraichgauer Landschaft bei einem Abendessen im Gartenrestaurant krönt diese Expedition – eine Aussicht wie in der Toskana.

Sinsheimer Sammelwut: Im Technikmuseum stehen vierrädrige Oldtimer einträchtig neben düsenbetriebenen Raritäten.

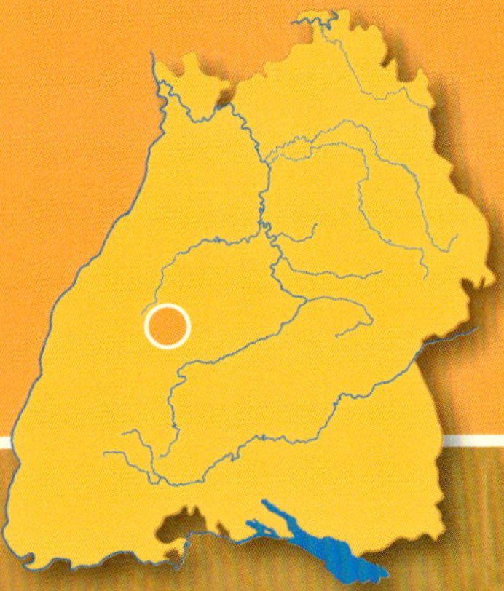

Nord-schwarzwald

Auf Hesses Spuren

Von Freudenstadt nach Pforzheim

Wenn aktuell die Rede auf den Nordschwarzwald kommt, dann ist meist der erbitterte Streit um den geplanten Nationalpark das Thema. Gegner und Befürworter stehen sich erbittert gegenüber – Waldwirtschaft oder sanfter Tourismus? Die Auseinandersetzung zeigt, wie wichtig den Menschen im Schwarzwald die „richtige" Zukunft dieses sagenhaften Waldgebietes ist und welche Emotionen sich mit dem Nordschwarzwald verbinden.
Lassen wir Sinn und Unsinn des Nationalparks beiseite und wenden wir uns lieber der in der Tat großartigen Naturlandschaft zu. Eine Expedition durch den Nordschwarzwald könnte in Freudenstadt beginnen, mit einem Abstecher durch das Murgtal in die deutsche Feinschmecker-Hauptstadt und dann weiter zum Nagoldursprung und durch das Nagoldtal in Richtung Pforzheim.
Freudenstadt hat quasi eine doppelte Entstehungsgeschichte. Unter dem Baumeister Heinrich Schickhardt (1558–1635) wurde auf herzogliches Geheiß eine Stadt auf dem Reißbrett geplant und gebaut, auf einem Hochplateau am Rande

Aus der Luft gut zu erkennen: Freudenstadt wurde im Barock als ideale Planstadt am Reißbrett entworfen.

▲ Im Nordschwarzwald muss man ganz einfach die Wanderstiefel schnüren. Hier gibt es einige der so genannten Genießerpfade. Das sind traumhaft schöne Rundwanderwege.

dichter Wälder. Die verheerenden Bombardements am Ende des Zweiten Weltkrieges zerstörten über 90 Prozent der Innenstadtgebäude. Zum Glück entschied sich eine Mehrheit der Bürger, die Innenstadt nach historischem Vorbild wieder aufzubauen. Das war die zweite Geburtsstunde auf dem Reißbrett, auch das „Wunder von Freudenstadt" genannt.

Der Marktplatz ist Mitte und Zentrum der Kurstadt, die früher als Bergwerksstadt erstmals an Bedeutung gewann. Er ist der größte seiner Art in Deutschland, ungefähr 220 mal 220 Meter groß, mit der markanten Stadtkirche am Rande, die über einen rechten Winkel gebaut wurde.

Freudenstadt hat in den 1980ern ein wahres Hotelsterben erlebt, der Fremdenverkehr im Nordschwarzwald ging damals durch ein tiefes Tal – trotz der Skilifte am Rande der Stadt, trotz eines der ältesten Golfplätze in Deutschland, trotz der wunderbaren Umgebung, die sich über Kniebis bis auf fast 1000 Meter Seehöhe bei der Alexanderschanze emporzieht. Von den edlen alten Hotels haben nur wenige überlebt, der „Palmenwald" dient mittlerweile als Drehkulisse fürs Fernsehen. Die Krise ist überwunden, Freudenstadt ist ein guter Ausgangspunkt für eine Expedition in den Nordschwarzwald, günstig mit dem Auto zu erreichen und seit einigen Jahren auch mit der Straßenbahn. Die Karlsruher – dort startet die Bahn – können mit Fug und Recht behaupten, eine schöne Kurstadt als Haltestelle in 80 Kilometer Entfernung im öffentlichen Verkehrsnetz zu haben. Von den Höhen Freudenstadts geht es sanft hinunter ins Murgtal in die Genießer-Hauptstadt Deutschlands. Nicht Hamburg oder Berlin oder München, sondern **Baiersbronn** ist die Top-Destination für Gourmets. Sieben Sterne leuchten dort. Nichts für jeden Tag und nichts für jeden Geldbeutel.

Barrierefrei

Balkon mit Aussicht

Oberhalb von Kniebis liegt eine Rarität – die Aussichtskanzel auf den Ellbachsee. Es handelt sich um ein Pilotprojekt, mit dem bewiesen werden soll, dass Tourismus und Barrierefreiheit sehr wohl zusammenpassen. Diese Plattform in der Nähe der Kniebis-Hütte lässt sich mühelos mit dem Kinderwagen oder mit dem Rollstuhl erreichen. Der Blick über die Schwarzwaldlandschaft und den tief unten liegenden See ist phänomenal – und kostenlos. Die Plattform ist ganzjährig geöffnet und garantiert einen Abstecher wert.

Kniebis-Hütte
Straßburger Straße 347
72250 Freudenstadt-Kniebis
Tel.: 07442/12160
www.kniebishuette.de

▲▶ Das Schwarzwald-Klischee: Dunkle Wälder, Wolkenfetzen und Nebel. Die Region rund um Freudenstadt kann klimatisch ganz schön abweisend sein. An schönen Sommer- oder Herbsttagen aber ist der schwarze Wald ein traumhaftes Revier für Urlauber.

Aber es gibt ein ausgedehntes Wandernetz rund um Baiersbronn, auf dessen Verlauf sich die eine oder andere urige Gaststätte findet, wo ein deftiges und günstiges Schwarzwälder Vesper lockt, mit Speck als fleischlicher Variante und ansonsten mit geräucherten Filets von der Schwarzwaldforelle. Groß ist nicht nur der gastronomische Ruhm, groß ist auch das Areal der Gemeinde. Es handelt sich um die flächenmäßig zweitgrößte Gemeinde des Landes direkt nach Stuttgart.
Vom Murgtal geht es bergauf Richtung **Seewald**. Der Gemeindename verrät die Spur – die Nagold, die nahe von Besenfeld entspringt, wird nach wenigen Kilometern schon in der Nagoldtalsperre gestaut. „Erzgrube" ist der landläufige Name dieses schönen Badesees. Das klingt doch schon prosaischer und erinnert an die Tradition des Bergbaus, der freilich wegen des geringen Ertrages bald eingestellt wurde. Die Flößerei, der andere Traditionsberuf, hat sich dagegen bis zum Anfang des 20. Jahrhunderts gehalten.

Heute ist die Erzgrube ein familienfreundlicher Badesee mitten im Schwarzwald. Sie ist nicht nur Wasserspeicher und Stromerzeuger, sondern lockt in den Sommermonaten zahlreiche Besucher an – nicht nur zum Baden und Entspannen, sondern auch zum Surfen, Segeln und Tauchen. Und auch bei Anglern ist die Nagoldtalsperre beliebt.

Den schönsten Blick auf **Altensteig** hat man vom Gegenhang der Nagold aus. Prächtige Fachwerkbauten ziehen sich vom Fluss den Berg hinauf, gekrönt von Schloss und Kirche. Zu Fuß ist die Entdeckung der Kleinstadt ein echtes Abenteuer. Man nimmt, wie es sich gehört, die „Alte Steige" und schnauft das steile Kopfsteinpflaster hinauf. Wer will, kann unterwegs die prächtigen Wirtshausschilder zählen. Insgesamt 12 Braustätten gab es einmal im kleinen Städtchen. Altensteig liegt an der Deutschen Fachwerkstraße – über 40 erhaltene Fach-

▲ Altensteig ist nicht nur ein markantes Fachwerkstädtchen an der Nagold, sondern auch eine gastliche Stadt. Die alten Wirtshausschilder sind ein Beleg dafür, dass hier früher reichlich Bier gebraut wurde.

Heiraten im Schloss

Wie im siebten Himmel

Wer sich dazu entscheidet, den Bund fürs Leben zu schließen, der wird sich zumindest an diesem Festtag wie im siebten Himmel fühlen. Ganz leicht geht das im Altensteiger Schloss. Der Rundturm heißt im Volksmund „Himmel" – und genau dort kann man sich gegen eine vergleichsweise geringe Gebühr standesamtlich trauen lassen. Und wenn man schon oben im schönen Alten Schloss ist, dann könnte der Sektempfang unter weißen Zelten im Schlossgraben oder am Kräutergarten stattfinden. Der tolle Ausblick ist gratis.

Standesamt Altensteig
Rathausplatz 1, 72213 Altensteig
Tel.: 07453/9461-122
www.altensteig.de

HOTEL POST
NOKIA

werkbauten in der Oberstadt sind allemal einen Abstecher auf dieser Route wert. Rund um Altensteig ist ideales Wandergebiet. Bei nur einer Wanderung kann man mit Hornberg, Berneck und Altensteig gleich drei Burgen abwandern.

Durch das sanft geschwungene Flusstal geht es weiter. Dieser Abschnitt auf dem Nagoldradweg ist besonders schön und topfeben. **Nagold** selbst ist ein schmuckes Städtchen, das wie andere auch von einer baden-württembergischen Besonderheit profitiert hat. Die Landesgartenschau im Jahr 2012 hat der Stadt einen gewaltigen Schub verliehen. Entlang des Flusses ist im Innenstadtbereich ein auch heute belebtes Parkgelände geworden. Man rudert auf Booten quasi durch die Stadtmitte, sitzt entspannt auf den breiten Außentreppen vor dem neuen Café oder legt sich einfach in den gepflegten Park zu Füßen der Ruine Hohen-Nagold. Die Innenstadt war schon zuvor nicht arm an Fachwerk-Schönheiten. Mit der Gartenschau sind aber viele zusätzliche Investitionen losgetreten worden, die man heute an jeder Ecke bewundern kann. Wo früher der Autoverkehr sich mitten durch die Stadt quälte, ist eine großzügige Flanierzone mit allerlei Freiluftgastronomie entstanden. Gekrönt wird der Vorstadt-Platz vom altehrwürdigen Hotel „Zur Post" von 1696. Hier speisten und nächtigten schon Könige, Kanzler und Präsidenten. Von der Terrasse hat man einen vortrefflichen Blick auf das Geschehen am Platz.

Nach **Wildberg** reist man am besten am dritten Juliwochenende in einem geraden Jahr. Dann ist Hochbetrieb in der Stadt, denn dann suchen die Schäfer die besten ihrer Zunft beim Leistungshüten – und vor allem die schnellsten. Der Lauf

▲ Hinter den Fenstern des Hauses Marktplatz Nr. 6 in Calw ist der Nobelpreisträger Hermann Hesse auf die Welt gekommen. Im Museum finden sich viele persönliche Erinnerungsstücke an den größten Sohn der Stadt.

◀ Die Landesgartenschau hat das hübsche Nagold nochmals aufgewertet: Der Fluss ist jetzt lebendiger Teil der Innenstadt, die sich zwischen dem Straßenviadukt und der Ruine Hohennagold ins enge Tal schmiegt.

über das Stoppelfeld ist eines der größten Volksfeste im Nordschwarzwald und geht auf das 18. Jahrhundert zurück.

Calw ist Hermann-Hesse-Stadt. „Zwischen Bremen und Neapel, zwischen Wien und Singapore habe ich manche hübsche Stadt gesehen, Städte am Meer und Städte hoch auf Bergen, und aus manchem Brunnen habe ich als Pilger einen Trunk getan, aus dem mir später das süße Gift des Heimwehs wurde. Die schönste Stadt von allen aber, die ich kenne, ist Calw an der Nagold." Eine schönere Liebeserklärung könnte sich kein Tourismuswerber ausdenken.

Dass ausgerechnet der deutsche Alt-Rocker Udo Lindenberg sein Herz an Calw verloren hat, verwundert. Aber nur auf den ersten Blick. Udo Lindenberg ist glühender Hesse-Fan. Wer ihn und sein Panikorchester mal live auf dem fachwerkumrankten Marktplatz gehört hat, versteht warum. Sein Dialog mit „Hermann, wenn Du das noch erleben könntest" war legendär. Lindenberg hielt vor dem begeisterten Publikum Zwiesprache mit dem Nobelpreisträger, der im Haus Nr. 6 geboren wurde. Lindenberg hat sogar eine Stiftung ins Leben gerufen, die „Leben und Werk des großen Meisters Hermann Hesse mit moderner Musik verbinden und so mit noch mehr Kraft in alle Zukunft tragen" soll.

Am Marktplatz erinnert im „Haus Schüz" ein städtisches Museum mit ausgezeichneter Sammlung an den größten Sohn der Stadt. Hesse-Verehrer – und das sind beim weltweit meistgelesenen Schriftsteller eine ganze Menge – pilgern auf seinen Spuren durch die Stadt und streifen dabei 29 Stationen, die mit dem Schriftsteller und Maler zu tun haben. Calw ohne Hermann Hesse? Gibt es auch, lohnt sich ebenfalls. Auf dem Marktplatz kann man einfach nur sitzen und die Fachwerkbalken ringsum zählen. Es mögen Abertausende sein – der Platz ist eine einzige romantische Puppenstube.

▲ Kloster Hirsau war früher geistliches Zentrum, heute ist die Ruine Schauplatz für stimmungsvolle Konzerte.

Fliegenfischen

Petri Heil im Schwarzwald

„Der Köder muss dem Fisch schmecken, nicht dem Angler". Getreu dieser Binsenweisheit aus dem Anglerlatein lädt Hermann Rebmann aus Bad Liebenzell ambitionierte Angler zu seinen Kursen im Fliegenfischen ein. Anfängerkurse, Kompaktseminare für Fortgeschrittene oder spezielle Guiding-Touren stehen auf dem Stundenplan des Mannes, der seine Angelrute schon in Russland, Chile oder Kanada ausgeworfen hat. Die Nagold ist ein prächtiges Revier für die Königsdisziplin im Fischen. Und das ist garantiert kein Anglerlatein.

Fliegenfischerschule Nagoldtal
Sonnenweg 4, 75378 Bad Liebenzell
Tel.: 07052/50162
www.nagoldfliegenfischer.de

Kloster **Hirsau** unweit von Calw war im 11. Jahrhundert eines der berühmtesten und mächtigsten Benediktinerklöster. Geblieben sind nur Ruinen, aus der Romanik, der Gotik und der Renaissance. Mittendrin stand einst die Ulme, die Ludwig Uhland (1787–1862) besungen hat. Vielleicht sieht man auch deshalb gerne verliebte Paare an lauen Abenden durch die Anlage bummeln. Im Sommer kommt manchmal richtig Leben in das ehemalige geistliche Zentrum: Dann ist Klostersommer mit hochkarätigen Konzerten aus Klassik, Pop und Musical. Eine stimmungsvollere Kulisse sucht man weit und breit.

Kurstadt im Nordschwarzwald zu sein ist nicht leicht. Das nahe Bad Wildbad mit seinem fabelhaften Palais Thermal hat es geschafft, **Bad Liebenzell** im Nagoldtal ist gerade dabei. Der Kurpark – jeden Abend wird er prächtig mit Lichteffekten in Szene gesetzt, ist eine wunderbare Kulisse für einen kleinen Verdauungsspaziergang.

Das Ziel dieser Expedition ist wie der Ausgangspunkt Opfer eines fürchterlichen Bombardements zum Ende des Zweiten Weltkrieges geworden. **Pforzheim** hat sich aber, im Gegensatz zu Freudenstadt, nie richtig davon erholt. Die geschundene Stadt ist zwar lebhaft, aber eher zweckmäßig und schmucklos. Das heißt, nicht ganz. An Schmuck kommt in Pforzheim niemand vorbei. Ein Besuch in den „Schmuckwelten“ oder im Schmuckmuseum Pforzheim im Reuchlin-Haus sollte in jedem Fall eingeplant werden. Letzteres ist das einzige seiner Art weltweit und spannt den Bogen von der heimischen Schmuck- und Uhrenindustrie bis zu Exponaten aus aller Welt. Ein wahrlich krönender Abschluss dieser Expedition, denn in Pforzheim mündet auch die Nagold in die Enz.

▲ Schmuck und Pforzheim gehören zusammen. Die Höhepunkte der Goldschmiedekunst sind in mehreren Museen zu sehen.

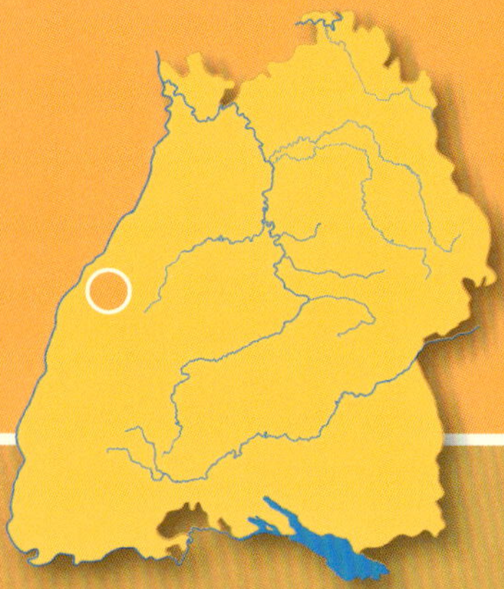

Ortenau

An der Grenze

Von Offenburg nach Baden-Baden

▲ Lebendige Geschichte: Die Freiheitsskulptur ragt in den blauen Himmel über Offenburg und im Salmen, dem historischen Gasthaus, wird die badische Revolution immer wieder zelebriert.

▶ Völkerverbindend: Seit der grenzüberschreitenden Gartenschau sind Kehl und Straßburg durch die anmutige Passerelle noch näher zusammengerückt.

Schwarzwaldgipfel zur Rechten, Vogesengipfel zur Linken und mittendrin der Strom der Deutschen – der Rhein. Über die geografische Lage kann man sich zwischen Gengenbach und Baden-Baden wahrlich nicht beklagen; so schön kann es sein, eingezwängt zu sein. Die Nähe zu Frankreich bestimmt das Leben: Der kleine Grenzverkehr ist Alltag. Aber es hat sich einiges umgekehrt. Es sind inzwischen immer mehr Franzosen, die an den schmucken Städten und in den ausgezeichneten Restaurants ihren Gefallen finden. Und wir wissen, Franzosen haben eine Vorliebe für das schöne Leben.

Die Ortenau, die Region in Mittelbaden, ist eine historische Landschaft und liegt zwischen Freiburg und Karlsruhe, zwischen Straßburg und der Hornisgrinde. Damit ist auch schon grob umrissen, was einen Besucher bei einer Expedition in diese Landschaft erwartet: hohe Schwarzwaldberge und putzige Fachwerkgemeinden, Weinberge, Obstwiesen, Schnapsbrennereien, kulinarische Höchstleistungen und viel, sehr viel Geschichte.

Offenburg, die Metropole der Ortenau, ist die Stadt der Badischen Revolution und hat Geschichte geschrieben. Mitte des 19. Jahrhunderts richteten sich viele Blicke und viele Hoffnungen nach Offenburg. Von 1847 an war die kleine Stadt drei Jahre lang das Zentrum des demokratischen Aufstandes. Im September jenen Jahres versammelten sich im Gasthaus „Salmen“ badische Liberale um Friedrich Hecker und Gustav von Struve und verabschiedeten die „13 Forderungen des Volkes“, das erste demokratische Programm in Deutschland. Zwei machtvolle Demonstrationen mit bis zu 40 000 Menschen sollten den Forderungen nach mehr Demokratie Nachdruck verleihen. Das traditionsreiche Gasthaus „Salmen“ ist heute ein Erinnerungsort und ein Museum der Freiheit für die Menschen, die damals mutig für ihre Überzeugung auf die Straße gingen. Führungen durch das Museum sind obligatorisch, finden aber täglich statt.

Freiheit ist auch das Thema einer mächtigen, 20 Meter hohen Alu-Skulptur des US-Künstlers Jonathan Borofsky. Sie ist ein Geschenk der Ehrenbürgerin Aenne Burda, die mit ihrem Mann und dem Verlagsimperium die moderne Geschichte der Stadt geprägt hat. Das Kunstmonument steht am Rande der ehemaligen wilhelminischen Kaserne. In diesem Gebäude-Geviert ist heute das Kulturforum untergebracht, sowohl architektonisch als auch vom Konzept her wirklich beachtenswert. So kann man aus ehemaligem Militärgelände etwas schaffen, was ein Gemeinwesen befruchtet.

Südlich von Offenburg kommt man an **Gengenbach** nicht vorbei. Eine idyllische Stadt wie ein Museum, aber quicklebendig. Besonders zur Fasnacht oder um die

Weihnachtszeit, wenn das Rathaus zum überdimensionalen Kunst-Adventskalender wird, ist hier was los. Unterm Jahr ist Gengenbach ein außerordentlich hübsches Städtchen mit vielen schönen Häusern, markanten Stadttoren, Kopfsteinpflaster und schnuckeligen Gässchen.

Je weiter man in der Ortenau nach Westen fährt oder radelt, desto französischer wird das Lebensgefühl. **Kehl** ist Grenzstadt zu Frankreich, wobei sich diese Bedeutung in Zeiten der offenen Grenzen stark verändert hat. Spätestens seit der grenzüberschreitenden Gartenschau im Jahr 2004 sind Kehl und Straßburg noch näher zusammengerückt als schon zuvor. Es gibt seitdem den „Garten der zwei Ufer“, und die kühn geschwungene Brücke „Passarelle des deux Rives“ ist die kürzeste Verbindung zwischen dem Elsass und Mittelbaden. In der Mitte des avantgardistischen Pylonen-Bauwerks schwebt man auf einer Plattform quasi über dem Rhein. Die EU hat dieses

▲ Gengenbach mit seinen kleinen Gassen ist die hübscheste Kleinstadt in der Ortenau.

▲ Grenzenlos: Vom Turm der Gartenschau hat man einen prächtigen Blick nach Frankreich, aber auch bis zur Hornisgrinde im Schwarzwald, der höchsten Erhebung der Ortenau.

wahrlich völkerverbindende Bauwerk mitfinanziert. Eine andere spektakuläre Erinnerung an die Gartenschau ist der Weißtannen-Turm. Aus 35 Metern Höhe betrachtet, rücken Deutschland und Frankreich noch näher zusammen.

Je weiter man dann nach Osten fährt, desto mehr steigt die Landschaft an. Die Wege führen zuerst durch Weinberge und Obstwiesen. Irgendwann landet jeder Ortenau-Besucher in **Oberkirch**, der deutschen Schnapshauptstadt. In jedem Haus scheint es Brennrechte zu geben, über 900 Privat-Brennereien sind gemeldet, die Schnäpse von bester Qualität herstellen: Kirschwasser, Himbeergeist oder William, aber auch ganz ungewöhnliche Destillate wie Topinambur oder Zibärtle, also Schnaps von Wildpflaumen, den Zibarten. Seit dem 18. Jahrhundert dürfen die Oberkircher überschüssiges Obst hochprozentig verarbeiten. Das machen sie mit großem Geschick, mit viel Tradition und Erfindungsgeist. Wer das private Brennrecht hat, darf 600 Liter Schnaps im Jahr produzieren.

In Oberkirch ist Schnaps nicht das letzte Wort, sondern der letzte Schrei. Man muss einfach eine Brennerei besuchen und den Experten, die ihre Rezepte über Generationen weitereichen, über die Schulter schauen. Eine Probe darf nicht fehlen – ein Schnupperkurs im Wortsinne. Wem das nicht reicht, der kann gleich noch beim Konditor verfolgen, wie der Schnaps in die Schwarzwälder Kirschtorte kommt.

Wir bleiben bei Süffigem: **Kappelrodeck** und **Sasbachwalden** liegen auf dem Weg hinauf zum Schwarzwald. Hier dreht sich alles um den badischen Wein. Sasbachwalden behauptet von sich, das Panoramadorf der Ortenau zu sein. Nir-

Ungewöhnliche Kirche

Pop meets Maria

Der katholischen Kirche Maria, Hilfe der Christen im Kehler Stadtteil drohte ein unrühmliches Schicksal: Sie sollte geschlossen und abgebrochen werden, nachdem immer weniger Gläubige das Gotteshaus besuchen wollten. Jetzt kommen wieder mehr Gäste und bestaunen ein kleines Wunder. In einer finanziellen Kraftanstrengung und mithilfe des Street-Art-Künstlers Stephan Strumbel aus Offenburg entstand eine einmalige Pop-Art-Kirche. Auf den ersten Blick wirkt das Gotteshaus wie eine Provokation, auf den zweiten wird man feststellen, dass hier ein moderner und mystischer Kirchenraum entstanden ist.

Pfarramt St. Arbogast
Kirchstraße 18, 77694 Kehl
Tel.: 07854/221 oder 07854/829

gendwo sonst könne man so erhaben sein Gläschen Wein genießen, den Blick ins Rheintal richten und einfach nur ins Schwärmen geraten wie hier.
Tolle Aussichtspunkte gibt es reichlich – und die Wahl des richtigen Tropfens dürfte ebenfalls schwerfallen, sei es ein „Alder Gott" oder einer der köstlichen Tropfen aus der Weinbaugemeinde **Waldulm**, einem Ortsteil von Kappelrodeck. Wein, Obstbau und Granit dominieren die Geschichte des hübschen Ortes. In den Waldulmer Steinbrüchen ist es längst ruhig geworden, aber in den Wein- und Obstbergen ist zur Ernte richtig Betrieb. Äpfel, Birnen, Zwetschgen und sogar Pfirsiche sorgen für eine reich gedeckte Tafel. Der Weinbau aber überstrahlt alles, denn seit dem 14. Jahrhundert wird hier Wein angebaut. Der blaue Spätburgunder ist weit über die Ortenau hinaus berühmt.
Wer jetzt noch fahren kann und nicht in einem der netten Gasthöfe oder den Privatquartieren unterkommt, der erreicht **Ottenhöfen**, das malerische Dorf mit den vielen Mühlen und dem gleichnamigen Wanderpfad, und dann die **Hornisgrinde**, den höchsten Berg im Nordschwarzwald und höchsten Punkt des Ortenau-Kreises.

▲ Die Ortenau ist ein Paradies für Schlemmer: An den Hängen des Rheintals wachsen großartige Weine und die Schnäpse aus der Gegend von Oberkirch sind absolute Spitzenklasse.

▸ Sagenhaft: Der Seegeist empfängt die Besucher am Mummelsee direkt unter der Hornisgrinde. Der Parkplatz am See ist auch ein beliebter Treffpunkt für Motorradfahrer.

Die Hornisgrinde ist im Gegensatz zur restlichen Ortenau oft ein unwirtlicher Ort und zählt zu den regenreichsten Orten in Deutschlands. Der markante Turm aus Buntsandstein, der die Hornisgrinde krönt, ist erst seit einigen Jahren wieder öffentlich zugänglich. Bei klarem Wetter – unbedingt rauf und einfach nur schauen! Stimmt, ganz dahinten im Süden erkannt man die Alpen.
Unterhalb des Turmes liegt der **Mummelsee**, das klassische Ausflugsziel in dieser Ecke des Schwarzwaldes. Ziel unendlich vieler Klassenfahrten und seit Jahren ein Hotspot für Motorradfahrer. An Sonn- und Feiertagen geht es am Mummelsee ziemlich rummelig zu, da sollte man lieber einen Bogen um den See machen. Unter der Woche oder wenn Nebel von der Schwarzwaldhöhe runterzieht, ist sowieso die bessere Gelegenheit, in Ruhe über die Existenz von See-Geistern und Elfen zu sinnieren und die schaurigen Geschichten, die man sich über den See erzählt, auf sich wirken zu lassen.
Am Mummelsee führt die Bundesstraße vorbei. B 500 klingt schrecklich banal, dahinter aber steckt die berühmte Schwarzwaldhochstraße, die über 60 Kilometer von Freudenstadt nach Baden-Baden führt. Sie ist die älteste und auch schönste touristische Straße im ganzen Schwarzwald; seit über 75 Jahren genießen Urlauber die wunderbare Strecke und die grandiosen Ausblicke in die Schwarzwaldtäler und in die Rheinebene bis zu den Vogesen. Erst sollten mit der Panoramastraße die bestehenden Höhenhotels verbunden werden, dann, in den 30ern und 40ern des vergangenen Jahrhunderts, war der Bau der Straße von strategischer Bedeutung, heute ist sie wieder eine Ferienstraße, die seit 1952 durchgängig befahrbar ist und gut frequentiert wird.
Das Schlosshotel **Bühlerhöhe** an der Hochstraße war einmal eine der feinsten Adressen in Deutschland und Konrad Adenauer weilte gerne als Gast in dem

Lehrreicher Pfad

Wildnis am Plättig

Wie es im Wald ausschaut, wenn ein gewaltiger Sturm durchgezogen ist, kann man am Plättig erkunden: Seit 2006 gibt es einen Wildnispfad, der seinem Namen alle Ehre macht. Auf 70 Hektar Wald lässt man der Natur wieder freien Lauf. Für Kinder ist es ein Riesenspaß, über Wurzeln und schräg liegende Stämme zu klettern, den „Adlerhorst“ über eine Hängebrücke zu besteigen und sich ganz spielerisch über die urwüchsige Natur zu informieren. In knapp zwei Stunden Wanderzeit kann man den Pfad abgehen, der Eintritt ist frei und der Pfad ist, wie es sich für die Wildnis gehört, immer geöffnet.

Start am Wanderparkplatz Plättig

Haus, das ursprünglich als Genesungsheim für Offiziere konzipiert war. Als der Milliardär Max Grundig das schöne Haus mit dem Rundbau in der Mitte und den beiden markanten Flügeln übernahm, schien eine glänzende Zukunft gesichert – mit edlen Suiten und sternegekrönter Küche. Doch mehrere Besitzer später ist die Zukunft des Traditionshauses ungewisser denn je. Zwischenzeitlich wurden nicht einmal die fälligen Strom- und Wasserrechnungen bezahlt. In der Nähe des Hotels liegt auf dem Marienfelsen die kleine Kirche Maria Frieden, im Volksmund auch Adenauer-Kapelle genannt, weil der Kanzler gerne in der Gegend verweilte und sein Sohn den Bau der Kapelle unterstützte. Immer wieder sonntags finden hier Gottesdienste statt.

Die Schwarzwaldhochstraße schlängelt sich langsam talabwärts und erreicht bald die Ausläufer der berühmtesten Kurstadt in Baden-Württemberg. **Baden-Baden**, ein Prominententreff von internationalem Format oder doch nur die Ansammlung von besonders vielen Millionären, in letzter Zeit vor allem von reichen Russen? Beides stimmt irgendwie, das Kyrillische hat in die Schaufenster und Speisekarten der Stadt Einzug gehalten. Das ist aber kein neues Phänomen, denn berühmte russische Gäste haben Tradition in der Kurstadt an der Oos: Turgen-

▾ Kurstadt mit Niveau: Wegen dieser Lage ist Baden-Baden in ganz Europa berühmt. Viele wohlhabende Russen haben sich früher wie heute hier niedergelassen.

jew, Dostojewskij oder Zarin Elisabeth sind die bekanntesten. Von den modernen Oligarchen kennt man aber kaum die Namen.
Dennoch hat sich Baden-Baden seinen Charme als mondäne Kur- und Bäderstadt erhalten. Das Flanieren in der Lichtenthaler Allee ist ein Vergnügen, ein Bummel durch die Rosenpracht in der Gönner-Anlage ist nicht nur für Blumenliebhaber eine wirkliche Freude. Ob das auch nach einem Besuch im Spielcasino gesagt werden kann, muss jeder Zocker anschließend nach einem Kassensturz selbst beurteilen. Besonders schön für Flaneure ist in Baden-Baden,

Baden-Badener Eleganz: Der Charme der guten alten Zeit, als viele Adlige und Dichter an der Oos Stammgäste waren, ist in der Stadt noch an vielen Ecken lebendig.

dass die Prachtgärten der Villen und großen Hotels fast nahtlos in die öffentlichen Parks übergehen.

Baden-Baden zieht auch heute noch die Prominenz an. Jährlich zur Verleihung des Medienpreises ist das so – und 2009 war die Stadt randvoll mit Staatsoberhäuptern und deren Entourage anlässlich des NATO-Gipfels zum 60. Jubiläum des Nordatlantik-Pakts. Das Festpielhaus im ehemaligen Stadtbahnhof ist zu einer der besten Adressen in ganz Europa und ein echter Besuchermagnet geworden. Und junge Leute tummeln sich beim New Pop Festival des SWR im September bei außergewöhnlichen Konzerten in außergewöhnlichen Spielstätten.

Schöne und ruhige Plätze findet man in Baden-Baden aber mühelos. Im Friedrichsbad, dem traditionsreichen Verwöhn-Tempel im römisch-irischen Stil, gibt man nicht nur seine Bekleidung, sondern auch seine Sorgen für einige Stunden ab. Im Kloster Lichtenthal kann man abgeschieden wohnen, innehalten und im schönen Garten einen Kaffee am murmelnden Bächlein trinken. Auf dem Hausberg, dem Merkur, kann man den formidablen Blick auf den Schwarzwald und in die Rheinebene genießen.

Wenn dann immer noch viel Kleingeld übrig sein sollte, kann man sein Glück auf der Pferderennbahn in **Iffezheim** versuchen. Sollte es wenig Kleingeld sein, dann ist zum Abschluss dieser Expedition eher ein Bad in einem der schönen Baggerseen vor den Toren Baden-Badens angeraten. Beides macht garantiert Spaß, so oder so.

Hinter den Kulissen

Besuch bei den Fallers

Familie Faller ist die bekannteste Familie aus dem Schwarzwald. Man kann sie auch besuchen; nicht direkt die Familie, sondern die Studios, in denen die beliebte Reihe des Südwestrundfunks produziert wird. Auch wenn man Ursula Cantieni oder Wolfgang Hepp nicht persönlich antrifft, ein Blick hinter die Kulissen der Fallers ist allemal interessant.

SWR-Besucherservice
76522 Baden-Baden
Tel.: 07221/9 292 3316

Sehen und gesehen werden: Renntage in Iffezheim sind weniger ein sportliches, denn ein gesellschaftliches Ereignis.

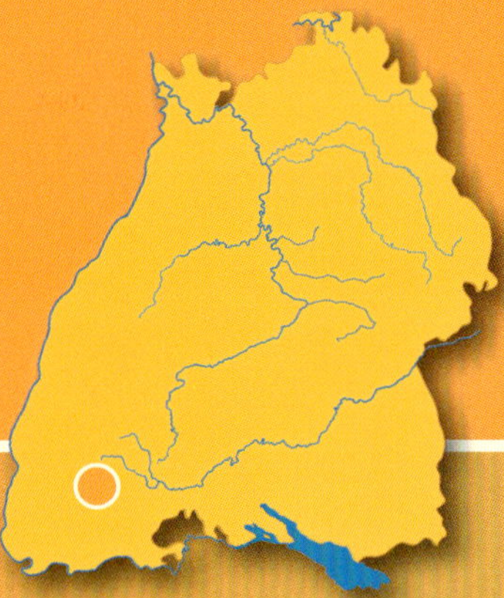

Süd-schwarzwald

Auf dem Gipfel

Vom Feldberg bis zum Belchen

Schier grenzenlos – der Blick über den Südschwarzwald.

Wenn es wirklich so ist, dass eine Landschaft die Menschen prägt, dann muss der Südschwarzwald eine gewaltige Landschaft sein. Es sind ganz besondere Typen, die man bei einer Expedition im Umkreis des Feldbergs treffen kann – knorrig, bedächtig, gradraus und im Wortsinn bodenständig.

Georg Thoma aus **Hinterzarten** verkörpert den Südschwarzwälder wie kaum ein anderer. Er, der hochdekorierte Olympiasieger von Squaw Valley, war immer der „Jörgl" und ist es auch heute noch. Ein durch und durch bescheidener, sympathischer Mann von mittlerweile über 75 Jahren.

Aufgewachsen ist Georg ganz einsam draußen unterhalb des Feldbergs auf dem Wunderlehof. Georg Thoma kennt die Gegend wie nur wenige. Als junger

Krimiwanderung

Mord im schwarzen Wald

Ein Kapitalverbrechen mitten im idyllischen Schwarzwald. Kaum vorstellbar! Für Gäste, die auch im Urlaub Nervenkitzel brauchen, finden im Löffeltal bei Hinterzarten gruselige Wanderungen statt. Gestärkt mit einem Gläschen Sekt geht es auf Verbrechersuche in die Natur. Ein Spaß, zelebriert von Gästeführer Klaus Millemer. Wer wie Hercule Poirot oder Miss Marple ermitteln will, muss gut zu Fuß sein. Die kriminelle Wanderung dauert etwa sechs Stunden, ist sieben Kilometer lang und führt entlang des Heimatpfades Hochschwarzwald.

Tel.: 07634/5695626

Früher Alltag, heute Brauchtum: Uhrenträger wie Josef Dold schwärmten früher vom Schwarzwald nach ganz Europa aus.

Kerl war er hier als Briefträger unterwegs. Im Sommer mit dem Fahrrad oder zu Fuß, im Winter auf Langlaufbrettern, von Hof zu Hof, 30 Kilometer die einfache Runde. Vor den vielen Neugierigen nach seinem Olympiasieg rettete er sich … und bat um seine Versetzung als Landzusteller. Noch heute schaut er bei der alten Kundschaft vorbei, auf einen Schwätz oder ein Tässchen Kaffee. Das einfache Leben als Landpostbote hat ihn geprägt – und die Landschaft auch. Demut und Dankbarkeit – das geht in dieser einzigartigen Naturlandschaft gut zusammen.

Georg Thoma hat seinen Anteil daran, dass der Südschwarzwald seit 150 Jahren eine feste Destination auf der europäischen Urlaubslandkarte ist. In den 60er-

Während am Ospelehof die Highland-Rinder gemütlich grasen, lädt die Schwarzwald-Landschaft rund um Hinterzarten zum Wandern, Spazierengehen und zum gemütlichen Vespern ein.

▸ Vorsaison: Am Schluchsee, dem größten Gewässer im Südschwarzwald, ist alles angerichtet für den Ansturm der Gäste.

◂ Kitsch gehört dazu: Am Titisee sind diese Schneekugeln mit dem Trachtenpaar ein beliebtes Souvenir für die asiatischen Gäste.

Jahren des 19. Jahrhunderts kamen die ersten Urlauber in den Südschwarzwald, der Jörgl hat in seiner Heimatgemeinde Hinterzarten ein Ski-Museum mit aufgebaut. Selbstredend, dass die Dokumente seiner großen sportlichen Karriere dort einen festen Platz haben. Den zweiten touristischen Schub in den Hochschwarzwald brachten dann die „Schwarzwald-Adler", die deutschen Medaillensammler auf den Schanzen der Welt, die in Hinterzarten ihr Trainingszentrum aufschlugen. Ganz vorneweg Dieter Thoma, Neffe von Jörg. Familientradition. Da störte es nicht weiter, dass mit Sven Hannawald ein gebürtiger Erzgebirgler zum erfolgsverwöhnten Kader gehörte. Er wurde „eingemeindet" und sprach Jahre später in TV-Interviews schon ziemlich gekonnt Schwarzwälderisch.

Der Urlaub im Südschwarzwald ist im Umbruch begriffen. Gute Luft und intakte Natur reichen längst nicht mehr aus. Etwas „Action" darf schon sein, auch im beschaulichen Schwarzwald. Zwischen Kuckucksuhren und Fun-Bad, zwischen rasanter Mountainbike-Abfahrt und geführter Bergwiesenwanderung, zwischen Trachtenabend und Yogaübungen auf der Wiese reicht heute die Bandbreite. Neue Attraktionen drohen den Schwarzwald zu überschwemmen: musikalische Open-Air-Veranstaltungen am Fuß der Hochfirstschanze in Neustadt und ausgerechnet „Der Watzmann ruft" als Musical im Hochschwarzwald. Das sind Zugeständnisse an den Zeitgeist.

Die neuen Verlockungen heißen Stand-up Paddling und Segway, Downhill-Zorbing und Quad oder Coaster. Da sind viele neumodische Trends dabei, oft auch kurzlebiger Schnickschnack, der bald wieder von der Bildfläche verschwinden wird. Fest steht aber: Der Schwarzwald muss sich neu erfinden und vor allem jungen, aktiven Familien mit Kindern ein attraktives Angebot machen. Gefraget ist heile Natur, gerne etwas Öko, gemischt mit Aktivitäten draußen oder drinnen. Die richtige Mischung wird den Erfolg ausmachen.

Drei Beispiele, die den Weg vorzeichnen. Hinter KONUS versteckt sich ein schlaues Konzept, das dem Schwarzwald alle Ehre macht. Sie ersetzt die antiquierte Gäste- oder Kurkarte, erlaubt vergünstigten Eintritt in viele Attraktionen und gilt gleichzeitig als Fahrkarte für den öffentlichen Nahverkehr. Bravo!

Der **Titisee**, das „blaue Handtuch" am Fuß des Feldbergs, hatte jahrelang ein echtes Imageproblem. Schwarzwälder Kirschtorte verschlingende Rentner, angekarrt mit billigen Tagestouren, Rummel um Kuckucksuhren und dann noch die unvermeidliche Tretbootfahrt. Das war's. Heute ist Titisee hip: Das neue Badeparadies Schwarzwald lockt Jung und Alt. Schwimmen und entspannen unter großen Glasdächern und Palmen. Und vorne am See wurde 2013 zum ersten Mal

Kuckucksuhren

Mal klassisch, mal crazy

Karl Lagerfeld ist für jede Extravaganz zu haben. Natürlich hat er auch eine Kuckucksuhr. Aber was für eine! Gestaltet vom Offenburger Pop-Art-Künstler Stefan Strumbel, hergestellt in der Manufaktur der Familie Schneider in Schonach. Das Schwarzwaldstädtchen ist das Zentrum des Kuckucksuhrenbaus und Schneider ist der Platzhirsch. Seit 1848 stellt der Betrieb die Markenzeichen des Schwarzwalds her. Das teuerste Exemplar derzeit ist eine Uhr im Chalet-Stil, immerhin knapp einen Meter hoch, für knapp 3000 Euro. Besichtigungen bei Schneider sind nur nach Voranmeldung möglich.

Schneider Kuckucksuhren
Triberger Straße 27, 78236 Schonach, Tel.: 07722/96110

SCHWARZWALD
SCHWARZWALD

◂ Fire and Ice: In Triberg ist man mit der Zeit gegangen und verwandelt im Winter den Wasserfall in eine spektakuläre Open-Air-Bühne.

▸ Die Gegend um den Feldberggipfel und den Feldbergsee ist die Domäne des Natur-Rangers Achim Laber. Er und seine Kollegen im Haus der Natur sind wunderbare Geschichtenerzähler und schaffen es spielerisch, die Besucher für das empfindliche Ökosystem zu sensibilisieren.

versucht, mit der bunten Uferillumination Gäste zum Bleiben bis in den späten Abend hinein zu bewegen.

Triberg ist das dritte Beispiel. Die Klassenfahrt zu den Wasserfällen war für Generationen süddeutscher Schüler Pflichtprogramm. Und heute: Der Triberger Weihnachtszauber lockt Tausende Menschen aus nah und fern an, ein nostalgischer Weihnachtsmarkt und als Höhepunkt „Fire & Ice". Der Wasserfall wird zum Hauptdarsteller einer spektakulären Lichtinszenierung. Absolut sehenswert? Wie geht es also weiter mit dem Südschwarzwald? Ein Szenario der Uni Freiburg gibt zwei Richtungen bis 2030 vor. „Edler Öko-Gesundheitstourismus" mit intakter Landwirtschaft und einem enormen Fitness- und Gesundheitsangebot. Oder Schlafstätte für vermögende Menschen aus der Rheinebene, die in Zeiten des Klimawandels die Kühle des schwarzen Waldes zu schätzen wissen. „Der ländliche Raum bleibt attraktiv, wenn man frühzeitig handelt, langfristig denkt und sich vernetzt", heißt es in einer anderen Studie des Landes.

Zurück zum Heute. Der **Feldberg** oberhalb von Hinterzarten ist das Zentrum des Tourismus im Südschwarzwald. An manchen sonnigen Wintertagen eine regelrechte Kampfzone: Bis zu 10 000 Skifahrer, Boarder und Langläufer balgen

Krunkelbachhütte

Premiere für den Wetterfrosch

Kann es sein, dass eine TV-Berühmtheit den Namen einer Wetterstation tausendfach im Mund führt und keine Ahnung hat, wie es wirklich dort aussieht? Es kann. Sven Plöger, der beliebte Wetterfrosch im SWR-Fernsehen, war sein Lebtag noch nie an der Krunkelbachhütte im Schwarzwald. Unglaublich, aber wahr: Die „Expedition in die Heimat" machte diese Premiere möglich. Auch für Normalos ist ein Besuch in der gastlichen Hütte unterhalb des Herzogenhorns ein schönes Ausflugsziel. Die Hütte auf 1294 Meter Seehöhe ist über ein ausgedehntes Wanderwegenetz prima zu erreichen, bietet rustikale Küche und nette Zimmer, auch für Gruppen. Werner Jünger ist jetzt schon seit 20 Jahren Hüttenwirt.

Krunkelbachhütte
Krunkelbachweg 10, 79872 Bernau/Dorf
Tel.: 07675/338

sich erst um die Parkplätze, dann um die besten Plätze auf Pisten und Loipen. An-und Abreise werden zur Geduldsprobe, ökologisch ist das nicht.

Aber ausgerechnet hier liegt das älteste Naturschutzgebiet Baden-Württembergs, gerade 75 Jahre alt geworden. Das Haus der Natur ist der Anlaufpunkt für alle, die mehr über den Schwarzwald, seine Fauna und Flora, aber auch über die aktuellen Bedrohungen und Lösungen wissen wollen. Es gibt kaum eine kompetentere Stelle, um sich sachkundig und zugleich unterhaltsam zu informieren. Daran nicht unschuldig ist der „Schwarzwald-Ranger" Achim Laber, den eine Journalistin hymnisch als den „Old Shatterhand des Schwarzwalds" beschrieb. Er sieht gut aus, er erklärt verständlich – und er hat jede Menge Witz, was sich in vielen Naturschutz-Videos bestaunen lässt. So macht Naturschutz sogar Spaß.

Jahrtausendealte Kraftorte – das ist die andere Seite des Südschwarzwalds. Man sagt, er habe magische Kräfte. Dieser Werbespruch gilt nicht nur für einen Kräuterlikör, sondern für den Berg schlechthin im Südschwarzwald: den **Belchen**. Dieser kahlköpfige Rundrücken gilt Schwarzwaldkennern als schönster Berg des

▾ Der Belchen gilt vielen als der schönste Berg des gesamten Schwarzwalds. In jedem Fall ranken sich zahlreiche mystische Geschichten um den kahlköpfigen Bergrücken.

Mittelgebirges. Er lockt mit traumhaften Aussichten zum Nachbarn Feldberg, in die Schweiz und ins Elsass, dem höchstgelegenen Gasthaus des Südwestens – und vor allem mit Mythen und Legenden, die sich um den Belchen ranken.
Es gibt tatsächlich eine Theorie, den Belchismus, wonach der Berg Teil einer astronomischen Beobachtungsschanze der Kelten gewesen sein soll. Und dass hier auf dem Belchen dem Sonnengott Beleneus gehuldigt worden sei (und gelegentlich auch heute noch wird). Natürlich fehlt hierfür der wissenschaftliche Beweis. Die Namensherkunft aus dem Keltischen scheint dagegen vielen plausibel. So oder so, die magische Strahlkraft des „Bergs der Berge" ist ungebrochen. Gibt es etwas Schöneres, als nach einem anstrengenden Aufstieg diesen einzigartigen Sonnenuntergang zu genießen, den weiten Blick ins Land vor Augen, den Duft der Bergwiesenkräuter in der Nase, die unglaublich intensiven, wechselnden Lichtstimmungen als Glücksdroge. Wer dabei nicht automatisch an Druidenkult und Sonnengottheiten denkt, dem ist nicht zu helfen. Das muss ein ziemlich verbohrter Großstädter sein, der es auch noch für ein Ärgernis hält, dass der Gipfel des Belchens seit Jahren autofrei ist.

Besuch im Hirtenbrunnen

Kelten, Schnaps und Wildschwein

Sago Müller – wer einen solchen Vornamen trägt, der muss ein ganz besonderer Typ sein. Und Sago ist es auch: ein kerniger Naturbursche mit einem im Wortsinn bewegten Leben, gestrandet im Südschwarzwald. Im „Hirtenbrunnen" in Fröhnd ist er vor Anker gegangen. Der „Hirtenbrunnen" ist ein typisches Schwarzwaldhaus mit lang gezogenem Walmdach, gebaut im Jahre 1594. Sago betreibt seit 20 Jahren hier seine Pension; aus dem ehemaligen Wohn- wurde das gemütliche Gastzimmer. Hier hocken die Gäste gerne – und vor allem lange. Legendär sind seine Schwarzwälder Kirschtorte und sein Wildschweinessen. Die ganze Sau wird auf dem Holzbrett serviert, den selbstgemachten Met gibt's aus Ochsenhörnern. Sagos Tribut an die Kelten – immerhin hat er schon einen keltischen Streitwagen gebaut und sich als Keltenfürst von Fröhnd feiern lassen.

Café-Pension Hirtenbrunnen
Hof 4, 79677 Fröhnd, Tel.: 07673/425
www.hirtenbrunnen.de

Breisgau

Es grünt so grün

Die Ökometropole Freiburg und ihr Umland

▲ Liebenswert: Freiburg gilt als die Stadt mit der höchsten Lebensqualität im Südwesten. Gleichzeitig soll es aber auch die höchste Dichte an Therapeuten geben.

▸ Typisch Freiburg: heimelige Winkel und die typischen Bächle, die früher für die Sauberkeit der Stadt wichtig waren und heute Spielplatz für Groß und Klein sind.

Die Farben des Freiburger Stadtwappens sind Weiß und Rot – und irgendwann wird auch noch Grün dazukommen müssen. Freiburg trägt mit Stolz den Titel „Öko-Hauptstadt", neudeutsch sagt man stolz „Green City" dazu. Freiburg hat einen grünen Oberbürgermeister und bei Wahlen schneiden die Alternativen außerordentlich gut ab, in einzelnen Stimmbezirken liegen sie sogar bei über 70 Prozent. Dazu kommt: Freiburg liegt im Grünen, am Fuß des Schwarzwalds, beidseits an den Ufern der Dreisam und öffnet sich hin zum Rheintal.
Auch das sorgt dafür, dass Freiburg jährlich fast 1,5 Millionen Übernachtungsgäste anlockt. Viele kommen aus dem nahen Frankreich und der Schweiz, aber auch immer mehr Besucher aus Asien verlieben sich in die Studentenstadt. Für die Menschen aus Baden-Württemberg sind das Münster, die Bächle und die Bummelzone immer für einen Kurzurlaub gut. Südländische Atmosphäre, junges Publikum, schöne Plätze, exquisite Gastronomie und viele Sehenswürdigkeiten machen das fröhliche Ambiente der Stadt aus.
Freiburg prosperiert in allen Bereichen. Die Stadt wächst beständig, vor allem junge Familien lassen sich in der Universitätsstadt nieder, etwa im Vorzeigeviertel Vauban. Auf dem Gelände, auf dem früher die französische Armee unterge-

bracht war, ist ein lebendiges Quartier entstanden. Architekten aus aller Welt kommen hierher und holen sich Anschauungsmaterial für das Bauen der Zukunft, das individuellen Komfort mit der Schonung der Ressourcen zu verbinden sucht.

Freiburg ist auch Solar-City. Der einheimische Architekt Rolf Disch hat mit seinem Heliotrop weltweit Maßstäbe gesetzt. Sein extravagantes Haus, das sich je nach Sonnenstand um die eigene Achse dreht, ist seit Jahrzehnten ein echtes Leuchtturmprojekt, das gegen Voranmeldung besichtigt werden kann. Im Vauban hat Disch die Solarsiedlung konzipiert.

Freiburg fährt Rad. Davon kann man sich am schier endlosen Drahtesel-Parkplatz bei der altehrwürdigen Universität überzeugen. Soviel „Öko“ kann aber auch lästig sein. Auswärtige Besucher erschrecken manchmal regelrecht, wenn sie sich mit einer Meute von Radlern konfrontiert sehen, und sind froh, mit heiler Haut über den Radweg zu kommen. Sie werden sicherlich eine Stadtrundfahrt in der Rikscha bevorzugen, sicher ist sicher! Es versteht sich von selbst, dass Freiburg mit dem „Victoria“ das umweltfreundlichste Hotel der ganzen Welt hat, natürlich mit einer Öko-Stromtankstelle vor der Tür und energieeffizienten Minibars in den Zimmern.

▾ Auf dem Schlossberg sitzt man gut und sieht man gut. Der Biergarten ist Treffpunkt für Einheimische und Gäste.

Im Stadtteil Wiehre ist alles etwas anders als sonstwo. Hier, in diesem gepflegten großbürgerlichen Viertel mit den schönen Häusern und den hohen Mietpreisen, leben überdurchschnittlich viele Akademiker und hier soll es relativ die meisten Therapeuten in Deutschland geben. Das muss wohl ein böses Gerücht neidischer Nachbarn sein. Von der Wiehre aus kann man schöne Spaziergänge unternehmen, etwa über die Sternwaldwiese hinauf zum Wasserschlössle. Das Gebäude

Im Vauban-Viertel lebten bis 1992 französische Soldaten mit ihren Familien. Heute pilgern Architekten und Kommunalpolitiker in dieses ökologische Vorzeigequartier. Inzwischen gibt es sogar ein Spottlied auf die ach so alternativen Menschen im Viertel.

DJ am Steuer

Rock 'n' Roll im Taxi

Taxifahren kann fast jeder. Ahmad Javanshir hat dem langweiligen Transport von A nach B eine rockige Alternative entgegenzusetzen. Er betreibt das einzige Disco-Taxi im Breisgau, ganz stilecht, mit Pop und Rock von der CD oder aus dem Internet, mit Discokugel und Karaoke-Maschine. Die Fahrt zur abendlichen Party erfährt so eine ganz andere Form von Vorglühen. Ahmad hat inzwischen viele Stammgäste und manche behaupten sogar, er sei der beste Disc Jockey der Stadt.

Tel.: 0176/37740004

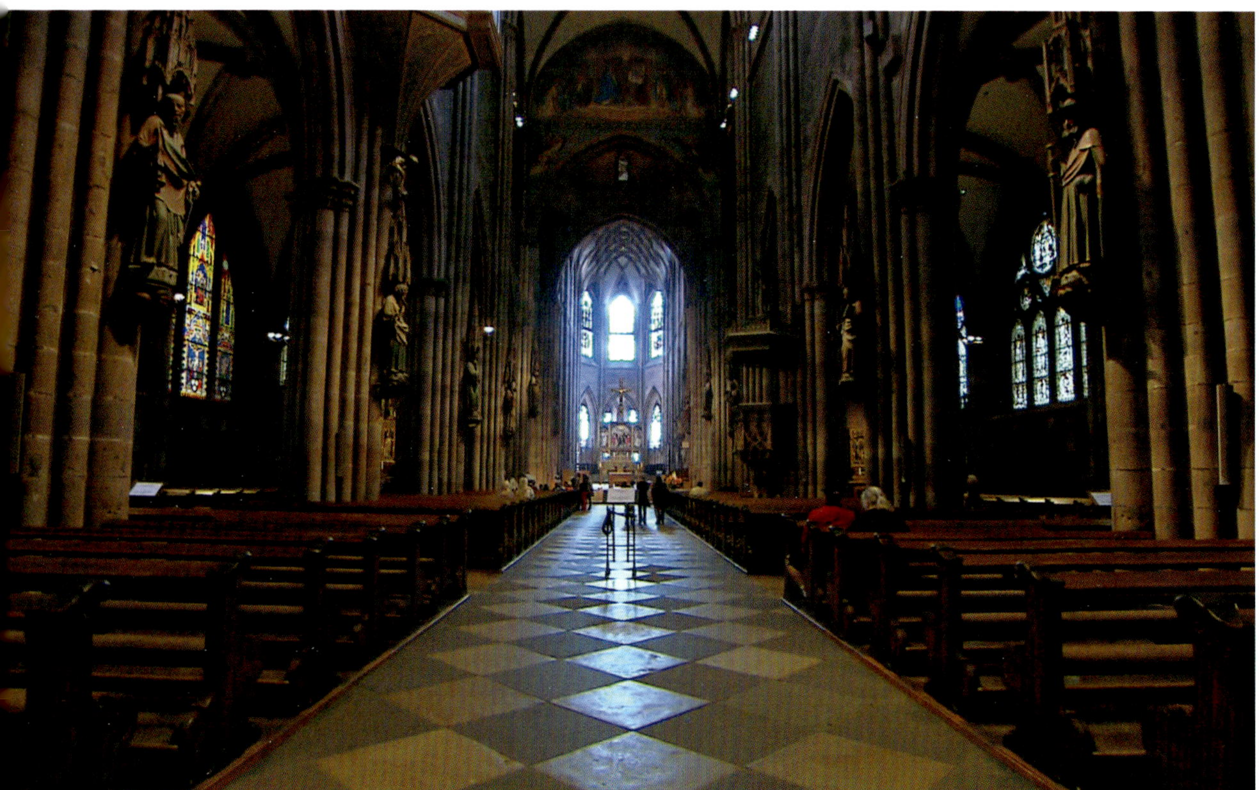

▲ In der Altstadt von Freiburg kann sich das Auge des Besuchers kaum sattsehen: Im Sommer finden sich fast überall idyllische Plätze. Und das Fahrrad ist das ideale Fortbewegungsmittel.

◀ Münster Unser Lieben Frau ist der offizielle Name des gotischen Meisterwerks, das angeblich den schönsten Kirchturm der Christenheit besitzen soll – wenn er nicht gerade eingerüstet ist.

aus dem 19. Jahrhundert mag einem bekannt vorkommen: Es ziert nicht nur die Kanaldeckel der Stadt, sondern ist dem Stadtwappen Freiburgs nachempfunden. Für ein Bauwerk, das eigentlich nur die Wasserversorgung im Osten Freiburgs sichern sollte, ist das Schlössle ein bemerkenswert schöner Bau. Das Geheimnis liegt aber im Berg – dort versteckt sich ein gewaltiger unterirdischer Hochbehälter. Alleine mit dem natürlichen Gefälle gelangt das Wasser in die Haushalte. Schade, dass man das interessante Innenleben nur alle zwei Jahre beim Wasserschlössle-Fest oder als angemeldete Gruppe studieren kann.

Eine Besichtigung der zauberhaften Altstadt könnte in der badischen Metropole ausgerechnet am Schwabentor beginnen. Von dort aus geht es auf Kopfsteinpflastern und entlang der typischen Bächle in die Stadt hinein. Am Augustinerplatz setzt man sich zu den jungen Leuten auf die Treppe, genießt ein Eis und lässt sich die Sonne auf den Pelz scheinen. Gleich daneben liegen Gerberau und Fischerau, alte Quartiere, in denen heute schicke und originelle kleine Läden untergebracht sind. In einem davon, kaum zu glauben, gibt es Schwarzwälder Kirschtorte in der Dose!

An der bunten und lebendigen Markthalle vorbei schlendert man beschwingt zum Bertholdplatz, dem Knotenpunkt der Straßenbahnen. Dort biegt man rechts ab und steht bald auf dem monumentalen Münsterplatz. Das Freiburger Münster wird die nächsten Jahre leider wieder teilweise verhüllt sein und nur

Lorettobad

Damenwahl im Lollo

Das Lorettobad in Freiburg ist Deutschlands ältestes noch betriebenes Familienbad und hat über 170 Jahre auf dem Buckel. Die wunderschöne Badeanstalt mit den Holzumkleiden hat noch eine Besonderheit: Es gibt ein abgetrenntes, reines Damenbad. Daran konnte auch die Klage eines Jurastudenten nichts ändern. Damen bleiben auch künftig unter sich in diesem wahrlich außergewöhnlichen Schwimmbad, das natürlich keine Heizung, dafür aber sehr viele treue, weibliche Stammgäste hat. Es gibt sogar einen Förderverein, Vorsitzender ist aber ein Mann ...

Lorettostraße 51
79100 Freiburg i. Br.
Tel.: 0761/2105570

bedingt als Fotomotiv dienen können. Der Zahn der Zeit und die Abgase, die es sogar in der Öko-Stadt gibt, machen aus dem Bauwerk für die Ewigkeit eine ewige Baustelle. Auf dem Münsterplatz hat man die Wahl: Man probiert einen der leckeren Weine in der Alten Wache, dem repräsentativen Haus des badischen Weines, oder versucht ganz rustikal eine der berühmten Bratwürste, die „Lange Rote“, je nach Geschmack mit oder ohne Zwiebeln. Und, wir sind ja in Freiburg, es gibt die Rote auch in einer fleischlosen Version, also Tofu-Wurst vom Grill. Na ja, Geschmackssache.

Wer jetzt noch Kondition hat, sollte den Schlossberg erklimmen. Der Anstieg ist eine kleine Schinderei, sowieso wenn man auch noch den durch Spenden finanzierten Aussichtsturm besteigen will, der Blick auf die Stadt und ins Dreisamtal aber wunderschön.

Freiburg und Kultur? Auch da braucht sich die Breisgau-Metropole nicht zu verstecken. Das Stadttheater ist ein ausgewachsenes Dreisparten-Haus, das Konzerthaus in Bahnhofsnähe beherbergt derzeit noch das SWR Sinfonieorchester und ist begehrter Ort für Konzerte und Gastspiele. Viel spannender aber ist in Freiburg die Subkultur mit den kleinen Spielstätten für Tanz, Musik und Theater. Das Wallgrabentheater war die erste Bühnenstation von Alfred Biolek und Heinz Meier, dem Loriot-Schauspieler. Das Jazzhaus ist bundesweit

Nach einem Bummel über den Markt auf dem Münsterplatz muss man eine „Lange Rote“ probieren, sonst war man nicht in Freiburg.

bekannt, in der witzigen Szenekneipe „Schmitz Katze“ treten Bands und Komödianten auf und im „Theater der Immoralisten“ wird schwer verdauliche Theaterkost angeboten. Ein kulturelles Highlight der Stadt ist seit 30 Jahren das ZMF, das Zeltmusikfestival vor den Toren der Stadt. Im Zirkuszelt haben schon alle Größen aus Pop und Rock gespielt, einige wurden durch das ZMF überhaupt erst bekannt in Deutschland.

Manche sagen, er habe das Paradies auf Erden gefunden: Was kann es Schöneres geben, als Winzer und Gastronom am Kaiserstuhl zu sein und dann auch noch Präsident des Sportclubs Freiburg? Fritz Keller hat es dahin gebracht, die Nachfolge des legendären Präsidenten Achim Stocker angetreten und die Mannschaft des einst als Studentenclub verehrten Vereins in die Europa-League geführt, zusammen mit dem originellen, aber sachkundigen Trainer Christian Streich. Und zugleich hat er von seinem Vater Franz die Weinberge und das

▲ Der Augustinerplatz ist der Sommertreffpunkt der jungen Freiburger. Auf den Treppen kann es schon mal südländisch-temperamentvoll zugehen. Aber auch das gehört zu Freiburg.

Traditionsgasthaus „Schwarzer Adler" in Oberbergen am Kaiserstuhl übernommen. Dort werden Weine der Spitzenklasse produziert und die Küche ist einen Stern wert. Was ihm bei diesen beiden Betätigungsfeldern nun eher Beruf und was Berufung ist, diese Frage lässt er mit einem schelmischen Lächeln unbeantwortet.

Wären wir also am **Kaiserstuhl** angekommen, der guten Adresse für ausgezeichnete Weine. Der Kaiserstuhl, ein knapp 500 Meter hohes Minigebirge vulkanischen Ursprungs mit den markanten Hohlwegen im Lößboden, ist die Sonnenstube der Region und zugleich ein Naturparadies. Weinorte wie Achkarren, Oberrotweil, Bötzingen und Ihringen haben in ganz Deutschland und darüber hinaus einen hervorragenden Ruf, auch weil die Winzer am Kaiserstuhl längst

▲ Der Weinbau als Landschaftsarchitekt: Am Kaiserstuhl kann man prima wandern und noch besser einkehren.

weg sind von den großen Mengen und hochklassige Gewächse anbauen und anbieten. Der Kaiserstuhl ist Schlemmermeile und Naherholungsgebiet in einem. Wandern und dann gepflegt einkehren – das passt am Kaiserstuhl ganz selbstverständlich zusammen.

Wer es ganz ökologisch haben will, der fährt natürlich mit dem Fahrrad hin oder nutzt den öffentlichen Nahverkehr. Ab Riegel kann man in den Rebenbummler umsteigen, eine touristisch genutzte Dampf-Museumsbahn, die manchmal sonntags auch zum Lumpensammler wird, dann, wenn die gut gelaunten Ausflügler wieder zurück in die Stadt wollen.

Spektakulärer ist die Anreise zum anderen Standard-Ausflugsziel der Freiburger: zum **Schauinsland**. Man nimmt die Straßenbahn nach Günterstal, sollte sich unterwegs nicht wundern, wenn es bei der Durchfahrt durch das ehemalige klösterliche Torhaus etwas enger als gewohnt wird, und landet dann an der Talstation der Schauinsland-Gondelbahn. Die Schauinsland-Bahn ist die längste Umlauf-Gondelbahn in Deutschland und wurde erst 2013 mit Millionenaufwand generalüberholt und verkehrt jetzt ausschließlich – natürlich – mit Ökostrom. Die Fahrt führt gemächlich von 473 auf 1219 Meter hoch. Nur wenig langsamer geht es mit dem Rennrad bergauf: Der Streckenrekord auf der 12 Kilometer langen, serpentinenreichen Strecke liegt unter 30 Minuten und das ist wirklich mehr als respektabel. Das legendäre Auto-Bergrennen gibt es – aus Umweltschutzgründen – nur noch in einer sehr abgespeckten Version.

Bergbau hat am Freiburger Hausberg lange Tradition, ein Besucherbergwerk ist aber erst vor gut 15 Jahren eingerichtet worden. Im Barbarastollen ganz in der Nähe werden übrigens die historisch wichtigen Fotodokumente der Bundesrepublik Deutschland unter Tage gelagert und bewahrt.

Der Schauinsland steht mit einer Fläche von über 1000 Hektar unter Naturschutz. Insofern ist es spannend zu beobachten, ob und wie dort die Belange der Ökologie mit dem Freizeitbedürfnis der Städter in Einklang gebracht werden können. Viele Tier- und Pflanzenarten sind bedroht und deshalb geschützt, ab und an verirrt sich sogar ein extrem scheues Auerhuhn auf den Berg.

Am verträglichsten scheint deshalb ein Höhen-Spaziergang – aber bitte schön nur auf den vorhandenen Wegen. Ganz sicher umweltschonend und dazu noch lehrreich ist ein Besuch im Museum „Schniederlihof", dem über 400 Jahre alten Schwarzwaldhof, in dem staunende Großstadtkinder erleben können, wie einfach und wie beengt es im 16. Jahrhundert bei den bäuerlichen Vorfahren zuging. Und auch, wie ökologisch.

▲ Mit der längsten Gondelbahn Deutschlands geht es bequem auf den Freiburger Hausberg. Wer es kerniger will, kann den Schauinsland auch mit dem Fahrrad bezwingen.

Blaue Lagune

Karibik am Kaiserstuhl

Karibik-Feeling am Kaiserstuhl? Kein Problem! Der Baggersee westlich von Burkheim erfüllt (fast) alle Ansprüche, die man an einen Badeplatz mit weißem Strand und türkisfarbenem Wasser nur haben kann. Alleine die Palmen und die tropischen Cocktails fehlen, dafür gibt es ausreichend Parkplätze und schattenspendende Bäume. Aus dem Baggersee wird aktuell noch Kies abgebaut, deshalb ist das Baden nicht überall erlaubt.

Burkheimer Baggersee
im Naturschutzgebiet Rappennestgießen

Nützliche Adressen

Angaben ohne Gewähr. Änderungen vorbehalten.

Expedition in die Heimat

SWR Fernsehen
www.swr.de/expedition

Tourismus Marketing GmbH Baden-Württemberg
Esslinger Straße 8
70182 Stuttgart
Tel.: (0711) 238580
www.tourismus-bw.de

Bodensee

Internationale Bodensee Tourismus GmbH
Hafenstraße 6
78462 Konstanz
Tel.: (07531) 909490
www.bodensee.eu

Bodensee-Tourismus Service GmbH
Fritz-Arnold-Straße 16a
78467 Konstanz
Tel.: (07531) 81993-50
www.der-bodensee.de

Hegau / Höri

Hegau Tourismus e.V.
Hohgarten 4
78224 Singen
Tel.: (07731) 85-262
tourist-info@singen.de

Untersee-Tourismus
Im Kohlgarten 2
78343 Gaienhofen
Tel.: (07735) 919055
www.tourismus-untersee.eu

Oberschwaben

Oberschwaben-Tourismus GmbH
Neues Kloster 1
88427 Bad Schussenried
Tel.: (07583) 331060
www.oberschwaben-tourismus.de

NABU-Naturschutzzentrum Federsee
Federseeweg 6
88422 Bad Buchau
Tel.: (07582) 1566
www.nabu-federsee.de

Donau

Landratsamt Sigmaringen
Leopoldstraße 4
72488 Sigmaringen
Tel.: (07571) 102-0
www.landkreis-sigmaringen.de

Naturpark Obere Donau
Naturpark Obere Donau e.V.
Wolterstraße 16
88631 Beuron
www.naturpark-obere-donau.de

Schwäbische Alb

Schwäbische Alb Tourismus
Marktplatz 1
72574 Bad Urach
Tel.: (07125) 948106
www.schwaebischealb.de

Biosphärengebiet Schwäbische Alb
Von der Osten Straße 4, 6 (Altes Lager)
72525 Münsingen-Auingen
Tel.: (07381) 93293810
www.biosphaerengebiet-alb.de

Mythos Schwäbische Alb
Kaiserstraße 27
72764 Reutlingen
Tel.: (07121) 480-3033
Fax: (07121) 480-1838
www.mythosschwaebischealb.de

Oberer Neckar

Tourist-Information Rottweil
Hauptstraße 21–23
78628 Rottweil
Tel.: (0741) 494-280
www.rottweil.de

Schwarzwald Tourismus GmbH
Habsburgerstraße 132
79104 Freiburg
Tel.: (0761) 896460
www.schwarzwald-tourismus.info/schwarzwald/Regionen

Universitätsstadt Tübingen
Friedrichstraße 21
72072 Tübingen
Tel.: (07071) 204-0
www.tuebingen.de

Neckar / Fils

Esslinger Stadtmarketing & Tourismus GmbH
Stadtinformation im Kielmeyerhaus
Marktplatz 2
73728 Esslingen am Neckar
Tel.: (0711) 396939-69
www.esslingen-tourist.de

Touristikgemeinschaft Stauferland e.V.
Marktplatz 37/1
73525 Schwäbisch Gmünd
Tel.: (07171) 6034250
www.stauferland.de

Remstal / Ostalb

Tourismusverein Remstal-Route e.V.
Bahnhofstraße 21
71384 Weinstadt
Tel.: (07151) 27650-47
www.remstal-route.de

Touristik- und Marketing GmbH
Marktplatz 37/1
73525 Schwäbisch Gmünd
Tel.: (07171) 603-4210
www.schwaebisch-gmuend.de

Hohenlohe

Hohenlohe + Schwäbisch Hall Tourismus e.V.
Münzstraße 1
74523 Schwäbisch Hall
Tel.: (0791) 755-7444
www.hs-tourismus.de

Touristikgemeinschaft Hohenlohe
Allee 17
74653 Künzelsau
Tel.: (07940) 18206
www.hohenlohe.de

Tauber

Tourismusverband „Liebliches Taubertal" e.V.
Gartenstraße 1
97941 Tauberbischofsheim
Tel.: (09341) 82-5806
www.liebliches-taubertal.de

Rothenburg Tourismus Service
Marktplatz 2
91541 Rothenburg ob der Tauber
Tel.: (09861) 404-800
www.tourismus.rothenburg.de

Kurpfalz

Heidelberg Marketing GmbH
Ziegelhäuser Landstraße 3
69120 Heidelberg
Tel.: (06221) 5840200
www.heidelberg-marketing.de

Kurpfalz

Touristikgemeinschaft Kurpfalz e.V.
Postfach 3010
68739 Plankstadt
Tel.: (06202) 9706071
www.kurpfalz-tourist.de

Naturpark Neckartal-Odenwald e.V.
Naturpark-Informationszentrum
Kellereistraße 36
69412 Eberbach
Tel.: (06271) 2985
Fax: (06271) 942274
www.naturpark-neckartalodenwald.de

Kraichgau

Kraichgau-Stromberg Tourismus e.V.
Melanchthonstraße 3
75015 Bretten
Tel.: (07552) 96330
www.kraichgau-stromberg.com

Nordschwarzwald

Naturpark Schwarzwald Mitte/Nord e.V.
Naturparkhaus
Schwarzwaldhochstraße 2
77889 Seebach
Tel.: (07449) 91022
Fax: (07449) 91022
www.naturparkschwarzwald.de

Ortenau

Baden-Baden Kur & Tourismus GmbH
Schwarzwaldstraße 52 und
Kaiserallee 3 (Trinkhalle)
76530 Baden-Baden
Tel.: (07221) 2752001
www.baden-baden.de

Landratsamt Ortenaukreis
Badstraße 20
77652 Offenburg
Tel.: (0781) 805-0
www.ortenau-tourismus.de

Südschwarzwald

Schwarzwald Tourismus GmbH
Habsburgerstraße 132
79016 Freiburg
Tel.: (0761) 896460
www.schwarzwald-tourismus.info

Naturschutzzentrum Südschwarzwald
Dr. Pilet Spur 4
79868 Feldberg
Tel.: (07676) 933630
www.naz-feldberg.de

Tourismus GmbH Zwischen Feldberg und Belchen
Meinrad-Thoma-Straße 21
79674 Todtnau
Tel.: (07671) 96995
www.bergwelt-suedschwarzwald.de

Hochschwarzwald Tourismus GmbH
Freiburger Straße 1
79856 Hinterzarten
Tel.: (07652) 12060
www.hochschwarzwald.de

Breisgau

Tourist Information
Rathausplatz 2–4
79098 Freiburg i. Br.
Tel.: (0761) 3881-880
www.freiburg.de

Bildnachweis

Fotografen

Bareis, Norbert, 51o.re, 64o.re., 67u., 68o., 79u.re., 84o., 94 alle, 98u., 99o., 106, 151 alle, 152o., 153o.li., 171u.
Bender, Helmut, 111
Fischer, Martin, 136–137
Gesper, Kurt, 110
Heckelmann, Felix, 55o.
Junghanns, Jörg, 58–59
Kefer, Manfred, 24–25
Maier, Ute, 55u.
Schlegel, Michael, 48–49
Schlipf, Peter, 103
Schmid, Jochen, 8–9
Schneider, Friederike, 82–83
Schoenen, Daniel, 180, 181u., 182 alle, 183o., 184o.li. und re., 185u., 186, 187, 189
Weller, Jürgen, 104–105

Bildarchive

© Archiv Boiselle, 64o.li.
© Auto & Technik Museum Sinsheim, 145o.
© Bad Mergentheim, 120o.li.
© Baden-Baden Kur & Tourismus GmbH, 163u.
© Baiersbronn Touristik, 149o.li. und re., 150u.
© Bergwelt Südschwarzwald, 166–67
© Bürger- und Verkehrsverein Tübingen, 81
© Freudenstadt Tourismus, 146–147
© Geschäftsstelle Biosphärengebiet Schwäbische Alb, 65
© Große Kreisstadt Horb am Neckar, 76u.
© Heidelberg Marketing GmbH, 128 alle, 129u.re., 130u., 132u., 135u.
© Hofgut Hopfenburg, 66
© Kloster Lorch, 92–93, 96
© Knöpfle, Photografie, Heubach, 101o.re.
© Kraichgau-Stromberg Tourismus e.V., 139 alle, 140o.mi. und re., 143u.re.
© Landratsamt Ortenaukreis, 156–157
© Life's Finest, 142o.
© Naturschutzzentrum Südschwarzwald, 173u.re., 176–177
© Oberschwaben-Tourismus, 6–7, 34–35, 38o., 39o.li., 40u., 46–47
© Reichenau-Gemüse, 170.
© Rothenburg Tourismus Service/Willi Pfitzinger, 116–117, 125o.
© Schloss Langenburg, 113
© Schwäbische Alb Tourismus/Lueger, 69
© Stadt Eppingen, 143o.li. und re.
© Stadt Geislingen, 88
© Stadt Lorch, 95o.re.
© Stadt Rottweil, 72–73, 74 alle, 75 alle, 76o.li.
© Stadt Tauberbischofsheim, 119mi.re.
© Stadt Triberg, 172
© Stadt Tuttlingen, 50o., 51o.li.
© Stadtmarketing und Tourismus Reutlingen GmbH, 60, 61o. undu.li., 63o., 68u.
© Stadtverwaltung Pfullingen, 61u.re., 62
© Stadtverwaltung Sulz, 76o.re.
© SWR, 8-9, 12-14, 15u., 16, 17u., 18, 19u., 20, 21u., 26–30, 31u.li. und re., 32 alle, 33, 36, 37 alle, 38u., 40o., 41–45, 50u., 53, 56, 57 alle, 63u., 67o., 69u., 76o., 77, 78, 79o. undu.li., 80, 84, 85–87, 88o.li. und re., 89 alle, 91 alle, 95 alle, 97, 99u., 100u., 101o.li., 102, 112, 114 alle, 115 alle, 119mi., 120o.re., 121, 122, 124o.re., 125u., 130o.li. und re., 131, 132o.li., 133 alle, 134 alle, 135o., 138, 140o.li., 141, 142u.li. und re., 144 alle, 145u., 150o.li. und re., 153o.re., 154 alle, 155 alle, 158–162, 164 alle, 165, 168–170, 173o. undu.li., 175o., 181o., 183u., 184u., 185o., 188
© TMBW/Achim Mende, 2, 10–11, 15o., 19o., 21o., 22–23, 39o.re., 52, 54u., 70–71, 120u., 148, 171o., 174/175, 178–179
© Tourismus Wertheim, 118, 119o.
© Tourist Info Sigmaringen/J.Sieber
© Touristik- und Marketing GmbH Schwäbisch Gmünd, 98o., 100o.
© Touristik und Marketing Schwäbisch Hall/Eva Maria Kraiss, 107o., 108u.
© Touristik und Marketing Schwäbisch Hall/Jürgen Weller, 104–105, 108o.li. und re.
© Touristik und Marketing Schwäbisch Hall/Nicole Hirsch, 107u.re., 109 alle
© Touristik und Marketing Schwäbisch Hall/Verein Alt Hall, 107u.li.
© Touristikgemeinschaft Kurpfalz, 126–127, 129o.re., 129u.li., 130o.re.mi., 132o.re.
© Touristik-Information Vogtsburg im Kaiserstuhl, 188
© Touristinformation Creglingen, 123, 124o.re., 124u.

Die übrigen Abbildungen stammen aus den Archiven des Verlags und des Autors.

Der Verlag hat sich um die Beachtung der gesetzlichen Vorschriften bezüglich des Copyrights bemüht. Wer darüber hinaus noch annimmt, Ansprüche geltend machen zu können, wird gebeten, sich an den Verlag zu wenden.